Kröger | Der Erste Weltkrieg im Nahen Osten

Kriege der Moderne

Herausgegeben vom Zentrum für Militärgeschichte und Sozialwissenschaften der Bundeswehr

Martin Kröger

Der Erste Weltkrieg im Nahen Osten

Reclam

Zentrum für Militärgeschichte und Sozialwissenschaften der Bundeswehr,
Fachbereich Publikationen (0922-01)

2022 Philipp Reclam jun. Verlag GmbH,
Siemensstraße 32, 71254 Ditzingen
Umschlaggestaltung: Philipp Reclam jun. Verlag GmbH
Umschlagabbildung: Oberstleutnant Kreß von Kressenstein mit dem Stab des Expeditionskorps, El Arish im Juli 1916 – ullstein bild / ullstein bild
Druck und Bindung: Firmengruppe APPL, aprinta druck GmbH,
Senefelderstraße 3–11, 86650 Wemding
Printed in Germany 2022
RECLAM ist eine eingetragene Marke der
Philipp Reclam jun. GmbH & Co. KG, Stuttgart
ISBN 978-3-15-011422-3

Auch als E-Book erhältlich

www.reclam.de

Inhalt

Türkische MG-Stellung in der Schlacht bei Sarıkamış. Im Winter 1914/15 scheiterte die Rückeroberung türkischen Gebiets in Ostanatolien.

1 Schreckliche Weihnachten – Paul Schwarz erlebt den Winterkrieg

Den Heiligen Abend 1914 verbringt Paul Schwarz in einer völlig zerstörten türkischen Kleinstadt, in dieser kalten Nacht verbrennen seine letzten Habseligkeiten.

Schwarz ist Österreicher, 32 Jahre alt, ursprünglich hat er Chemie studiert, seit Jahren ist er in der Erdölindustrie tätig. Der Ölexperte hat die halbe Welt bereist, auch die Fördergebiete im Osten des Osmanischen Reichs. Das bringt ihn auf die Idee, dem Auswärtigen Amt vorzuschlagen, man möge die Versorgung Russlands mit Rohöl unterbinden. Er will die Förderanlagen am Kaspischen Meer in die Luft sprengen. Wenn der kühne Plan gelingt, so glaubt man in Berlin, könnten die russischen Eisenbahnen in ein paar Monaten lahmgelegt und der Krieg im Osten gewonnen sein. Ein Zufall will es, dass dem Auswärtigen Amt der deutsche Konsul im ostanatolischen Erzurum ›abhandenkommt‹. Dieser hat im Sommer 1914 eine kurze Reise nach Tiflis unternehmen wollen, ist dort aber vom Kriegsausbruch überrascht worden und in russische Gefangenschaft geraten. Die streng geheimen Pläne lassen sich also einfach und gut tarnen, indem man Schwarz die Leitung des Konsulats in Erzurum anvertraut.

Wenige Tage, nachdem er dort angekommen ist, beginnen die türkischen Truppen eine Offensive auf die russische Festung Kars. Paul Schwarz wird am 20. Dezember 1914 in das türkische Hauptquartier in Köprüköy gebeten, die 60 Kilometer dorthin sind mit dem Pferdewagen eine Tagesreise. Er übernimmt Depeschen für Konstantinopel und kehrt zurück nach Erzurum, nur um dort zu erfahren, dass Telegramme des deutschen Botschafters vorliegen, die wiederum nach Köprüköy gebracht werden sollen. Von dem Hin und Her sind die Zugpferde erschöpft, das Gepäck wird auf einen Sanitätswagen umgeladen, das meiste, darunter sein Pelzmantel, Decken, ein Fernglas, wird Schwarz nie wiedersehen. Er selbst reitet auf einem russischen Beutepferd über schwierige, vereiste Wege weiter, begleitet von einem türkischen Unteroffizier. Die ungewohnten Strapazen ermüden ihn, an ein Weiterreiten ist nicht zu denken. Erst am 24. Dezember erreicht er den kleinen Ort Narman, das Hauptquartier hat man aber schon woandershin verlegt. Das Dorf ist von den zurückweichenden russischen Truppen fast ganz niedergebrannt worden, die Bewohner sind geflohen. Heizmaterial, Licht, Nahrung und ein Nachtlager lassen sich nur schwer auftreiben, ein gedeckter Unterstand muss für die Nachtruhe reichen. Das Lagerfeuer weckt ihn aus dem kurzen Schlaf, da es völlig außer Kontrolle geraten ist. Es nimmt ihm alles, was er nicht am Leib trägt.

Paul Schwarz (1882–1951) versprach, russische Ölförderanlagen sprengen zu können. Das Bild zeigt ihn 1931 als Konsul in den USA.

Am Morgen hat Schwarz noch immer keine Kenntnis vom Standort des türkischen Hauptquartiers. Der Weg, auf dem er gekommen ist, führt weiter nach Oltu, das von den Türken am Vortag erobert worden sein soll. Er erreicht den Ort am Abend des ersten Weihnachtstages. Auch dort haben die Russen Häuser angezündet, doch sind es türkische Soldaten und Freischärler, die die Stadt plündern, die restlichen Gebäude zerstören und armenische Zivilisten töten. Schwarz zählt in kurzer Zeit 40 Leichen. Die überlebenden Frauen und Kinder findet er in eines der übrig gebliebenen Häuser eingesperrt. Der kommandierende türkische Offizier erlaubt ihm, die Menschen zu beruhigen und ihnen Schutz und Nahrung zuzusichern. Bleiben kann Schwarz jedoch nicht.

Weil er auch in Oltu nichts über den Standort des Hauptquartiers erfährt, schließt er sich dem auf der Straße nach Ardahan vorrückenden x. Korps an. Neben und auf der Straße liegen Wagen, Munition und Ausrüstungen. Das zeigt, wie panikartig der russische Rückzug verlaufen ist. Auch die vielen gefangenen russischen Soldaten lassen eine erfolgreiche Offensive vermuten. Derart optimistisch gestimmt, entschließt sich Schwarz, dem x. Korps über das Allahuekber-Gebirge nach Sarıkamış zu folgen. Der Übergang über die 3000 Meter hohen, tief verschneiten Berge ist eigentlich nicht zu schaffen, die erfrorenen oder an Entkräftung gestorbenen türkischen Soldaten, die man dort liegen sieht, beweisen es. Vor jedes Geschütz spannt man zu den acht Pferden noch vier oder acht Ochsen. Die Straße ist voller hartgefrorener Tierkadaver. Schwarz sieht eine ganze Schafherde, die mitsamt dem Schäfer zu Eis erstarrt ist. Beim Abstieg nach Başköy rammt ihn ein Packtier, das linke Knie schwillt an und verhindert ein zügiges Fortkommen. Östlich des Gebirges gerät Schwarz schließlich mitten in die Schlacht von Sarıkamış. Der Beschuss durch die russische Artillerie lässt nicht mehr nach, ununterbrochen lärmen die Kanonen. Er schafft es noch bis zu dem Dorf Yayıklı, sechs Kilometer von der Frontlinie entfernt, von wo sich das Geschehen gut überblicken lässt.

Im Tal fließt ein kleiner Fluss, neben dem die Eisenbahn von Kars nach Sarıkamış und weiter nach Erzurum verläuft. Die russischen Truppen nutzen die Bahn für ihren Nachschub. Den Türken ist es bereits einmal gelungen, die Bahnlinie zu zerstören, aber die russischen Feinde konnten sie rasch wieder reparieren. Nach einer kurzen Erkundung stellt Schwarz einen kleinen Trupp aus Freischärlern zusammen. Sie werden angeführt von einem Georgier aus Batumi. Dichter Nebel begünstigt ihr Vorhaben hinter den russischen Linien: Sie sprengen eine Brücke bei Selim, um die Bahnstrecke erneut zu unterbrechen.

Die Besatzung Yayıklıs besteht aus rund einhundert Soldaten und einem Offizier. Zum Schutz vor möglichen russischen Angriffen aus Nordosten wird eine Stellung auf einem vorgelagerten Hügel eingerichtet. Gleichzeitig sind 600 Verwundete vor Ort, in der armenischen Kirche darben 400 Kriegsgefangene, außerdem drohen die Bauern aus der Umgebung mit Plünderungen. Schwarz kommt deshalb der Bitte eines Stabsoffiziers des X. Korps nach und kommandiert fortan den Platz. Er vertreibt die Bauern, das bereits gestohlene Vieh kann er ihnen abnehmen. Für die gefangenen Russen besorgt er Verpflegung.

Derweil kommen deutsche und türkische Offiziere, krank, verwundet oder bloß ermattet, nach Yayıklı; Oberleutnant von Feldmann sind die Füße erfroren, Major Vonberg hat es am Herzen. Unter den Gefangenen gibt es einen russischen Oberstabsarzt, der helfen kann. Zuletzt erscheint noch Major Lange mit einem Streifschuss. Es ist seine zweite Verwundung; vor Oltu hat man ihm schon den rechten Fuß durchschossen. Man muss ihm aufs Pferd helfen, aber er reitet immer noch.

Als die russischen Angriffe nicht nachlassen, beschließt Schwarz, sich zusammen mit den verwundeten und kranken Offizieren zurückzuziehen. Am 2. Januar beginnt der Rückmarsch, bald darauf fällt Yayıklı an die Russen. Auch in Başköy entkommen sie nur knapp einem russischen Vorstoß. Major Lange erreicht ebenfalls diesen Ort, der für den Rückzug des X. Korps wichtig ist. Er zieht alle Männer, die er dort auftreiben kann, zusammen, um sie gegen die Russen zu führen. In Başköy werden 200 Mann zurückgelassen, die den Ort halten sollen. Ihr Befehlshaber verliert jedoch beim ersten Anzeichen eines feindlichen Angriffs den Kopf, seine Soldaten desertieren bis auf vier Männer, die dem Schwarz begleitenden Unteroffizier unterstellt werden. Jetzt müssen die Verwundeten evakuiert werden. Etwa 500 leicht Verletzte werden gegen 5 Uhr nachmittags über das Allahuekber-Gebirge geschickt. Schwarz kann die irrsinnige Idee eines Nachtmarschs im letzten Moment verhindern, die verwundeten Soldaten wären zweifellos alle umgekommen. Ihr Abzug gelingt am nächsten Morgen, dem 4. Januar, auf anderem Weg.

Die Verwirrung in Başköy setzt sich derweil fort. Entsatz trifft keiner ein, weshalb Oberleutnant von Feldmann die Befehle von seinem Kran-

Wegskizze Paul Schwarz (19. Dezember 1914 bis 10. Januar 1915)

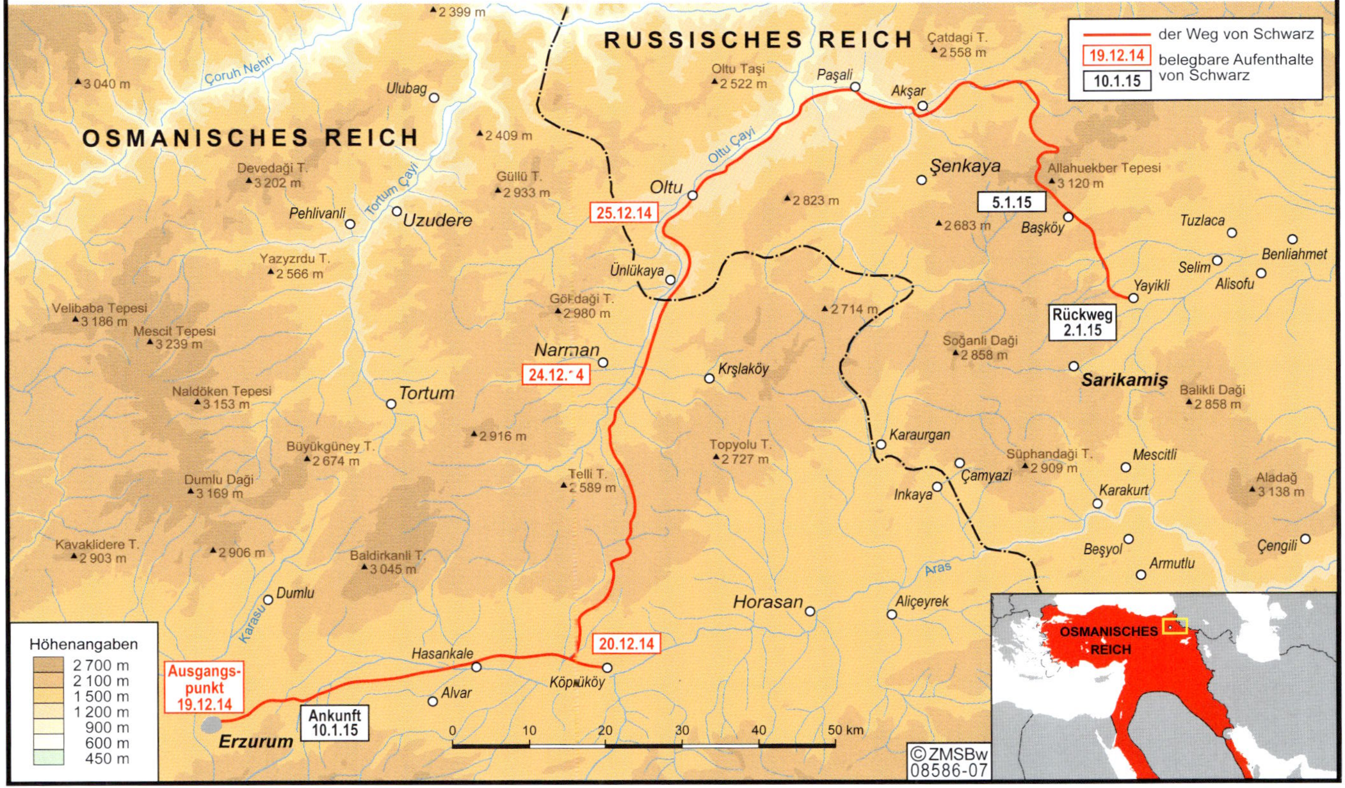

kenlager aus erteilt. Die paar verbliebenen türkischen Soldaten treiben mit ihren Bajonetten etwa 150 ihrer Kameraden aus ihren Verstecken hervor, die eine Stellung vor dem Ort beziehen sollen, sich aber bald wieder davonschleichen. Zum Glück gelingt es Major Lange und seinen Männern an diesem Abend, die Russen zurückzuwerfen. Die tiefschwarze Nacht bietet zusätzlichen Schutz.

Am Morgen des 5. Januar beginnt der Rückzug über das Gebirge. Ein scharfer, eisiger Schneesturm erschwert das Vorwärtskommen. Den Weg erkennen die Flüchtenden nur noch an den erfrorenen Menschen und Tieren, die aus dem Schnee ragen. Später wird es Schwarz wie ein Wunder erscheinen, dass alle lebendig der Winterhölle des Allahuekber entkommen konnten. Mental erschöpft, von heftigen Durchfällen entkräftet, aber glücklich, überlebt zu haben, erreicht er mit den deutschen Offizieren am 10. Januar 1915 Erzurum. Unterkunft finden sie im Konsulatsgebäude.

*

Der Erlebnisbericht des Petroleumsachverständigen, selbsternannten Bombenlegers und späteren Diplomaten Paul Schwarz befindet sich heute in Akten des Auswärtigen Amts, die schon damals einen äußerst sprechenden Titel bekommen haben: »Unternehmungen und Aufwiegelungen gegen unsere Feinde«. Ob sich wirklich alles so zugetragen hat, wie Schwarz es beschreibt, lässt sich nicht überprüfen. Sein Report illustriert aber einige Aspekte des »Krieges an fernen Fronten« (Rudolf A. Mark) auf das Beste: Es geht um Orte fern der bekannten Kampfplätze, es geht um erstaunliche individuelle Leistungen, aber auch um realitätsfernen Aktionismus, fehlende Abstimmung zwischen Bündnispartnern sowie um ein kaum vorstellbares Informationsdefizit über die Region und die realen Möglichkeiten dort.

Vor allem aber behandelt der Report einen Teil des Ersten Weltkriegs, der enorme Opfer gekostet hat und meist vergessen wird. Weil nur etwa 32 000 deutsche Soldaten an der Seite der Türken kämpften, ist der Krieg an den nahöstlichen Frontverläufen weitaus weniger bekannt als die Schauplätze an der Somme, der Marne, in Flandern und bei Tannenberg im heutigen Polen. Der Krieg im Nahen Osten war außerordentlich gewaltsam. Man schätzt, dass im Osmanischen Reich aufgrund des

Ersten Weltkriegs zwischen drei und fünf Millionen Menschen zu Tode kamen. Und es war ein Krieg, der für Generationen die politische Gestalt des Nahen Ostens geprägt hat, einer Weltgegend, die man damals noch ungeniert »Orient« nannte.

↗ Sonnenuntergang über der Blauen Moschee in Istanbul – Klischees vom Orient prägten die Politik der europäischen Mächte.

2 Das Internationale System des 19. Jahrhunderts und die Orientalische Frage

Seit den 1860er Jahren hatte sich das »Internationale System« in einer ganz spezifischen Weise entwickelt. Lediglich eine kleine Zahl von Staaten fühlte sich ihm zugehörig, die einander mehrheitlich akzeptierten und intensiven Kontakt untereinander hielten. Dazu gehörten die europäischen Großmächte Russland und Großbritannien, das Deutsche Reich, Österreich-Ungarn und Frankreich, mit einigem Abstand Italien, spätestens seit der Jahrhundertwende auch außereuropäische Mächte wie die USA und Japan. Kleinen Staaten stand in diesem Spiel der Mächte nur eine Nebenrolle zu; das galt trotz seiner Landmasse auch für das Osmanische Reich.

Mit der Ausbreitung des Islam während des europäischen Mittelalters war das Osmanenreich zwar zu enormer Größe angewachsen. Einiges davon ging allerdings schon bis zum 19. Jahrhundert wieder verloren. Seit dem Einsetzen des europäischen Imperialismus schrumpfte sein Staatsgebiet zusätzlich.

Die Frage, wie sich der Orient entwickeln werde, falls das Osmanische Reich ganz zusammenbräche, und ob sich dann eine Macht, vielleicht Russland, allzu große Vorteile verschaffen könnte, trieb die Politiker überall in Europa um. Diese »orientalische Frage« war eine wesentliche diplomatische Konstante der Jahrzehnte vor dem Ersten Weltkrieg gewesen.

Was war der Orient?

Der Orient war eine Konstruktion in der Vorstellung der Europäer. Am ehesten hätte man sich wohl auf seine geographische Ausdehnung einigen können. Er begann irgendwo hinter Wien und reichte vom Balkan bis Basra, von Kairo bis Kabul, vom Schwarzen zum Roten Meer. Es handelte sich also im Kern um den historischen Herrschaftsbereich des Osmanischen Reichs. Welche Teile des Balkans wann dazu gehörten oder seit wann nicht mehr, ob auch das arabisch geprägte Nordafrika dazu gehörte, darüber mochte man debattieren. Andere Aspekte, die der europäischen Idee »Orient« zugrunde lagen, waren aber weitaus wirkmächtiger. Was prägte jenseits von den Dichtungen Lord Byrons und Karl Mays, von Mozarts *Entführung aus dem Serail* oder Verdis *Aida* die Orientschwärmerei jener Zeit? Woraus war der ›Orientalismus‹ gemacht?

Besonders faszinierend erschien den Europäern der Orient der Antike und der alten Kulturen: Alexander kam bis Persepolis, Cäsar zu Kleopatra, die Ägypter bauten die Pyramiden und Troja lag auf dem türkischen Festland. Der Orient war aber auch die Wiege der drei Buchreligionen: Der Tanach, die hebräische Bibel, ist ein Geschichtsbuch, das im Orient spielt; Jesus war ein Zimmermannssohn aus Palästina; Mohammed erfand den Islam in Mekka. Und selbstverständlich war das Orientbild der Europäer Anfang des 20. Jahrhunderts voller Stereotypen und Vorurteile: Der Sultan sei ein »elender Schurke«, den der deutsche Kaiser aber gerne besuchen würde, »wenn ich mal in den Harem dürfte«; die Türken sind »Esel«, ein türkischer Diplomat ein »echter Orientale«; es herrscht »Misswirtschaft«; »Soldateska und Banditen« bestimmen die Szenerie. Auch im Bericht von Paul Schwarz finden sich reichlich Klischees über seine türkischen Kameraden.

Der deutsche Kaiser Wilhelm II. in einer osmanischen Uniform (Ölgemälde aus dem Jahr 1916 von Max Fleck im deutschen Generalkonsulat in Istanbul).

Nicht zuletzt war der Orient jedoch ein Paradies für Ausgräber: Wenn sich die Europäer als Kulturnationen verstanden, dann hatte die Archäologie auch eine patriotische Aufgabe im Wettbewerb mit den anderen grabenden Mächten. Die Franzosen gruben in Persien, die Briten im Zweistromland, Heinrich Schliemann hatte den Schatz des trojanischen Königs Priamos entdeckt, und Ludwig Borchardt fand die Nofretete exklusiv im Auftrag Berlins. In erster Linie aber betätigten sich im Orient jenseits aller exotischen Gefühlslagen die Vertreter der Politik und der Wirtschaft. Denn besonders beim Bau von Eisenbahnen in der Türkei verbanden sich wirtschaftliche Interessen deutscher Banken und Unternehmen der Schwerindustrie eng mit dem außenpolitischen Interesse des Deutschen Reichs.

Das Osmanische Reich – der »kranke Mann am Bosporus«

In zunehmendem Maße trugen die Europäer ihre Machtkämpfe auch auf dem Boden des Nahen Ostens aus. Seit dem Pariser Frieden, der 1856 den russisch-türkischen Krimkrieg beendet hatte, bedurften Modifikationen am Zuschnitt des Osmanischen Reichs der Billigung der europäischen Großmächte. Vom Sultan und seinem Reich sprach man nur als vom »kranken Mann am Bosporus«. Seit dem Berliner Kongress (1878), der nach einer neuerlichen kriegerischen Auseinandersetzung zwischen Russen und Osmanen einberufen worden war, um die Unruhen auf dem Balkan beizulegen, wurde der rasche innere Kollaps oder das Abgleiten unter entweder die russische oder die britische Dominanz erwartet. Diese Annahme und die Hoffnung auf territorialen Zugewinn aus der osmanischen Konkursmasse waren die Grundbedingungen der Politik aller europäischen Mächte im Nahen Osten.

Die Türkei war im europäischen Staatensystem zweifelsohne ein schwacher Akteur, dem Willen der anderen hilflos ausgeliefert war sie jedoch nicht. Abdulhamid II. und sein Nachfolger Mehmed V. waren Machtpragmatiker. Gleiches gilt für die sie umgebenden Politiker, besonders für die seit 1908 bzw. 1913 dominierende Bewegung der Jungtürken. Sie waren sich der Schwäche des Reichs bewusst, setzten sich aber dennoch das Ziel, die Unabhängigkeit des Staates, die Handlungsfähigkeit seiner Institutionen und eine eigenständige Außenpolitik zu

Fahne der »Jungtürken«. Die nationalistische Bewegung von Offizieren und Politikern putschte sich 1913 in Konstantinopel an die Macht.

wahren. Indem sie lange Zeit keiner Großmacht einen einseitigen wirtschaftlichen oder politischen Vorteil einräumten, sicherten sie den Fortbestand des Mächtegleichgewichts. Das war keine geringe Leistung in unruhigen Zeiten, änderte aber nichts daran, dass sich das Osmanische Reich nicht in Gänze zusammenhalten ließ. Die strategische Überdehnung des Imperiums war zuletzt mehr als augenfällig, an seinen Rändern franste es zusehends aus. In Tunesien und Ägypten hatten Frankreich und Großbritannien ihre imperialistische Chance schon genutzt und ihrem Kolonialreich diese Territorien hinzugefügt. Ihnen schloss sich Italien an, das 1911/1912 die Provinz Tripolis (Libyen) annektierte.

Der Sultan versuchte, sein Reich zu modernisieren, um den politischen und technologischen Anschluss an Europa nicht zu verlieren. Im Zweistromland wurde die agrarisch nutzbare Fläche enorm vergrößert, außerdem hatte man auch dort den Schmierstoff des Fortschritts gefunden: Öl. Eisenbahn, Telegraphie und Dampfschifffahrt gliederten ein

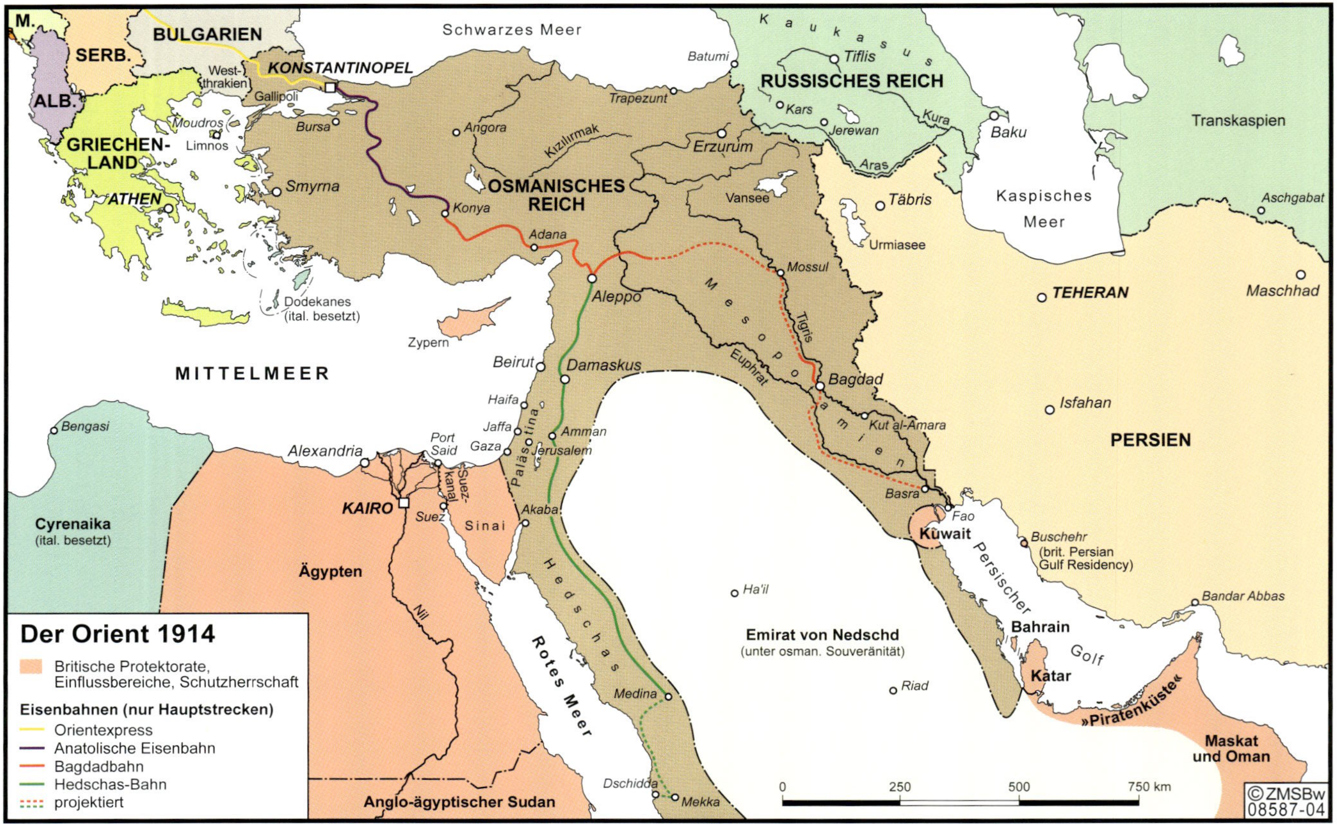
Der Orient 1914
Britische Protektorate, Einflussbereiche, Schutzherrschaft
Eisenbahnen (nur Hauptstrecken)
Orientexpress
Anatolische Eisenbahn
Bagdadbahn
Hedschas-Bahn
projektiert
M.
SERB.
ALB.
BULGARIEN
GRIECHEN-LAND
ATHEN
West-thrakien
Gallipoli
KONSTANTINOPEL
Moudros
Limnos
Bursa
Smyrna
Dodekanes (ital. besetzt)
Schwarzes Meer
Angora
Kizilirmak
Konya
OSMANISCHES REICH
Adana
Trapezunt
Batumi
Erzurum
Vansee
Kaukasus
Tiflis
RUSSISCHES REICH
Kars
Jerewan
Kura
Aras
Baku
Transkaspien
Kaspisches Meer
Aschgabat
Täbris
Urmiasee
TEHERAN
Maschhad
Isfahan
PERSIEN
Mossul
Mesopotamien
Tigris
Euphrat
Bagdad
Kut al-Amara
Basra
Fao
Kuwait
Buschehr (brit. Persian Gulf Residency)
Bandar Abbas
Persischer Golf
Bahrain
Katar
»Piratenküste«
Maskat und Oman
Emirat von Nedschd (unter osman. Souveränität)
Ha'il
Riad
Aleppo
Zypern
MITTELMEER
Beirut
Damaskus
Haifa
Jaffa
Gaza
Palästina
Amman
Jerusalem
Akaba
Hedschas
Medina
Dschidda
Mekka
Rotes Meer
Bengasi
Cyrenaika (ital. besetzt)
Alexandria
Port Said
Suez-kanal
Suez
Sinai
KAIRO
Ägypten
Nil
Anglo-ägyptischer Sudan
0
250
500
750 km
© ZMSBw 08587-04

riesiges Gebiet in den Weiten Arabiens in den erweiterten europäischen Wirtschaftsraum ein. An den ökonomischen und sozialen Strukturen in Anatolien und Arabien ging das nicht spurlos vorüber, bald machten sich regionalistische und nationale Bewegungen bemerkbar. Unterschiedliche Clans und ethnische Gruppen sowie deren Führer machten sich teilweise unabhängig von Konstantinopel.

Lange handelte es sich dabei nicht um einen arabischen, schon gar nicht um einen gesamtarabischen Nationalismus. Das änderte sich, als nach der jungtürkischen Revolte 1908 und dem Militärputsch 1913 die neuen Machthaber in Konstantinopel das Vielvölkerkonzept des Osmanischen Reichs aufgaben, und auf die Turkisierung des ganzen Landes setzten. In Gegnerschaft dazu wurden die Ideen von armenischer, kurdischer und arabischer Eigenständigkeit aktuell. Dem türkischen Nationalismus folgten die anderen Nationalismen nach. Sowohl Abd al-Aziz ibn Saud als auch Hussein ibn Ali begründeten in dieser Zeit ihre noch heute in Saudi-Arabien bzw. Jordanien regierenden Dynastien.

Eisenbahnimperialismus – Deutschland und das Osmanische Reich

In der Orientalischen Frage hatte das Deutsche Reich mit Großbritannien über lange Zeit kooperiert. Um die Jahrhundertwende war diese partielle Zusammenarbeit zu Ende gegangen. Das Deutsche Reich hatte die südafrikanischen Buren in ihrem Kampf gegen Großbritannien unterstützt und beanspruchte fortan ein Recht auf eine eigene »Weltpolitik«.

Der Wettlauf um kolonialen Landgewinn, Handelsplätze, wirtschaftliche Ressourcen und Verkehrsverbindungen sorgte für Spannungen zwischen den beteiligten Mächten, die auf Europa zurückwirkten – dies umso häufiger und heftiger, je mehr Weltregionen bereits aufgeteilt waren. Und zumindest auf den kolonialen Raum traf das bald zu. Insofern war die politische Strategie, anstelle einer direkten Kontrolle über kolonialen Besitz eine indirekte Durchdringung von als schwach oder gar nicht beherrscht empfundenen Regionen anzustreben, durchaus konsequent. Großbritannien hatte es schon vor Jahren in Ägypten vorgemacht. Nach anfänglichen großen wirtschaftlichen Belastungen entwickelte sich das Protektorat, dessen indigene Verwaltungsstruktu-

Deutsche Flugzeugteile im Taurusgebirge: Die Bagdadbahn war das wichtigste Projekt des Deutschen Reichs in der Türkei.

ren man weitgehend beibehalten hatte, seit etwa 1906 zu einem rentablen Unternehmen.

Das Deutsche Reich machte den Bau der Bagdadbahn zu seinem wichtigsten imperialistischen Projekt. Standen für Bankiers und Unternehmer Renditeerwartungen und Marktexpansion im Vordergrund, so waren für die deutschen Diplomaten vor Ort und nach anfänglicher Vorsicht auch für die Reichsleitung in Berlin strategische Fragen wichtiger. Die zukünftige Bahn konnte als schnellste Landverbindung zwischen dem Bosporus und dem Persischen Golf dem unter britischer Hoheit stehenden Suezkanal Konkurrenz machen, ihm vielleicht eines Tages gar den Rang ablaufen. Gleichzeitig hätte eine Bahn unter deutscher Kontrolle die Stellung des Reichs sowohl gegenüber der Regierung in Konstantinopel gefestigt als auch in der Konkurrenz der Mächte Deutschland einen Vorteil gebracht.

Seit 1888/1889 hatte ein Konsortium unter Führung der Deutschen Bank Bahnstrecken zwischen Konstantinopel und Ankara (bis 1892) bzw. Konya (1896) finanziert. Für den Weiterbau über Konya hinaus bis Bagdad vergab der türkische Staat 1903 eine Hauptkonzession. Der Bau erfolgte in Etappen, und eine erste Teilstrecke konnte schon 1904 in Betrieb genommen werden. Bis 1914 waren große Teile fertig, die Vervollständigung der Strecke gelang jedoch vor dem Weltkrieg nicht mehr. Immerhin konnte die Bahn während des Krieges für Truppen- und Materialtransporte genutzt werden, ihre militärische Bedeutung blieb jedoch begrenzt.

Als eigenständiges Bahnprojekt der Türken steht neben der Verbindung mit dem Zweistromland die zwischen 1904 und 1908 erbaute Hedschas-Bahn. Auch bei diesem Projekt kamen wirtschaftliche und strategische Erwägungen zusammen. Die rund 1300 Kilometer lange Strecke von Damaskus nach Medina (der Weiterbau bis Mekka unterblieb zunächst) sollte nicht nur Gläubige schneller, preiswerter und in größerer Zahl an die heiligen Stätten des Islam befördern, sondern ebenso die entlegenen Reichsteile enger anbinden, den Transport von Wirtschaftsgütern erleichtern und die Truppenverlegung bei etwaigen Aufständen beschleunigen. Dieser militärische Aspekt der Hedschas-Bahn war auch im Weltkrieg von Bedeutung.

Internationale Militärmissionen in der Türkei

In einem weiten Bogen umfasst eine Bahnlinie die europäische Altstadt Istanbuls, das Wasser des Marmarameeres zur Rechten, das alte Stambul zur Linken. Die letzten Kilometer führen unterhalb der Hagia Sophia und des Topkapı-Palastes entlang, dann in einer scharfen Linkskurve ins Goldene Horn, bis der Zug in einen Kopfbahnhof einfährt.

So erreichte der General der Kavallerie Otto Liman von Sanders mit dem Orientexpress von Wien kommend am Vormittag des 14. Dezember 1913 den Bahnhof Sirkeci. Den Chef einer deutschen Militärmission begleiteten sechs preußische Offiziere, ein Militärintendanturrat, ein bayerischer Oberstabsarzt und ein Artillerieoffizier aus Sachsen. Mit dröhnender Militärmusik empfingen türkische Offiziere, angeführt vom Kriegsminister, die Deutschen. Letztere waren nicht die einzigen fremden Militärs in der Türkei.

Nach der verheerenden Niederlage im Ersten Balkankrieg (1912/1913) suchten die Türken Partner, die ihr Land nicht aufteilen, sondern viel-

Auf Bitten der osmanischen Regierung kam im Dezember 1913 eine deutsche Militärmission unter Leitung von General Otto Liman von Sanders nach Konstantinopel.

mehr seinen Bestand sichern und militärisch stärken würden. Mit ausländischen Instrukteuren und Rüstungshilfen sollte die geschlagene Armee wiederaufgebaut werden. An eine Mitbestimmung ihres innenpolitischen Programms dachten die Jungtürken nach ihrem Putsch vom 22. Januar 1913 dabei allerdings nicht. Ihr starker Mann, der Großwesir Mahmud Schefket Pascha, wollte mehrere europäische Mächte an der Reorganisation der Türkei und ihres Militärs beteiligen. Die Briten unterhielten deshalb seit 1910 eine große Marinemission in der Türkei. Konteradmiral Arthur Henry Limpus war seit 1912 als osmanischer Vizeadmiral quasi Oberbefehlshaber der gesamten türkischen Flotte und wurde von 72 britischen Offizieren unterstützt. Um den Anschluss an westeuropäische Marinestandards zu halten, kauften und bauten die Türken 1913 mit französischem Kredit und der Hilfe britischer Werften Schiffe der modernen Dreadnought-Klasse. Diese sollten im ersten Halbjahr 1914 in Dienst gehen. Sogar amerikanische Konzessionäre arbeiteten an Infrastrukturprojekten in der Türkei.

Die deutsche Militärmission knüpfte an eine ältere Tradition vergleichbarer Militärhilfen an. Schon seit den 1830er Jahren hatten preußische Offiziere in der osmanischen Armee Dienst getan, darunter der spätere preußisch-deutsche Generalstabschef Helmuth von Moltke d. Ä. Die Bemühungen um eine Reform nach modernen Standards scheiterten jedoch weitgehend an den Beharrungskräften in der osmanischen Armeeführung. Immerhin waren bis zur Revolution 1913 etwa hundert türkische Offiziere im Deutschen Reich ausgebildet worden, darunter viele der jungtürkischen Wortführer. Von diesen Kontakten hatte über viele Jahre die deutsche Rüstungsindustrie profitiert, allen voran Krupp. Insgesamt herrschte ein deutschfreundliches Klima im türkischen Militär. Im Verständnis der Zeit und wohl auch der handelnden Politiker sowie Militärs symbolisierte Liman von Sanders' Mission daher für viele die enge deutsch-türkische Waffenbrüderschaft.

↗ Die osmanische Regierung 1913 –
die Macht lag bei einem Triumvirat aus Innenminister Talât Pascha, Kriegsminister Enver Pascha und Marineminister Cemal Pascha.

3 Der Nahe Osten zu Beginn des Ersten Weltkriegs

Eine einseitige Festlegung auf das Deutsche Reich als Bündnispartner lag keineswegs in der Absicht der osmanischen Führung. Zwar hatte die Revolution die Kräfte innerhalb des Osmanischen Reichs verschoben. Seit Großwesir Said Halim Pascha an der Spitze der Regierung stand, übte die tatsächliche Macht ein »Komitee für Freiheit und Fortschritt« aus, die sogenannten Jungtürken. Die Staatsführung lag weitgehend in den Händen eines Triumvirats aus Innenminister Talât Pascha, Kriegsminister Enver Pascha und Marineminister Cemal Pascha.

Die innertürkischen Umwälzungen änderten nichts an den außenpolitischen Tatsachen. Seit Jahrzehnten hatte das Gleichgewicht der europäischen Mächte für das Überleben des osmanischen Staats gesorgt. Zwar waren die innereuropäischen Konflikte gerne auch auf Kosten der Türken gelöst worden, an der grundsätzlichen Existenz des Reichs hatte man aber nie gerüttelt – schon um die russischen Schiffe aus dem Mittelmeer heraus – und im Schwarzen Meer zu halten. Aber zum einen hatte sich das Staatensystem inzwischen mehr oder weniger in zwei

Enver Pascha (1881–1922) stammte aus einfachen Verhältnissen und war mit den Jungtürken ins Amt gekommen. Er setzte das deutsch-türkische Bündnis durch.

Blöcken verfestigt, was bei einem künftigen Konflikt existenzielle Folgen für das Osmanische Reich befürchten ließ. Zum anderen gab es nun kaum mehr etwas zu verteilen, mit dem sich Spannungen würden beilegen lassen: Das Reich des Sultans war bereits auf das türkische Kernland und die arabische Halbinsel zurückgedrängt.

Die Balkankriege hatten gezeigt, dass die Türken, falls Krieg zwischen den Großmächten ausbrach, kaum würden neutral bleiben können. Der Verlust fast aller Provinzen auf dem europäischen Kontinent schwächte die türkische Wirtschaft enorm, die hohen Schulden drückten und die Armee war marode. Angriffen, die man vor allem von den Russen befürchtete, wäre das Reich schutzlos ausgeliefert gewesen. Aber auch jede Einmischung Großbritanniens, etwa um den Bosporus in seinem Sinne zu sichern, musste die endgültige Aufteilung des Reichs nach sich ziehen.

Während sich im Juli 1914 die europäische Krise zuspitzte, suchte Marineminister Cemal Pascha in London und in Paris nach einem geeigneten Allianzpartner. Ein Besuch in der französischen Hauptstadt verlief ergebnislos. Zur selben Zeit bot Kriegsminister Enver Pascha dem deutschen Botschafter in Konstantinopel, Hans von Wangenheim, den Beitritt der Türkei zum Dreibund an, also dem Bündnis von Deutschland, Österreich und Italien. Wenige Tage später brach der Erste Weltkrieg aus. Just zu diesem Zeitpunkt sollten zwei auf britischen Werften gebaute türkische Kriegsschiffe ausgeliefert werden. Am 2. August besetzten britische Soldaten die bereits bezahlten Schiffe und internierten die türkischen Besatzungen der »Reshadije« und der »Sultan Osman«.

Das deutsch-türkische Bündnis

Hinsichtlich eines Bündnisses waren die Meinungen innerhalb der türkischen Führung geteilt gewesen. Enver Pascha setzte jedoch innerhalb des jungtürkischen Komitees eine Allianz mit dem Deutschen Reich durch. Im ersten deutsch-türkischen Bündnisvertrag vom 2. August 1914 vereinbarten die neuen Partner strikte Neutralität im österreichisch-serbischen Konflikt. Falls jedoch Russland militärisch eingriffe, sollte die Türkei an der Seite der Mittelmächte in den Krieg eintreten. Die deutsche Militärmission sollte zur Verfügung der Türkei im Land bleiben und beträchtlichen Einfluss auf die türkische Armeeführung erhalten. Deutschland verpflichtete sich, »das osmanische Territorium gegebenenfalls mit Waffen zu verteidigen, falls es von Russland bedroht wird«. Wenn es bis zum Jahresende nicht zum Krieg käme, sollte der Vertrag am 31. Dezember 1914 stillschweigend auslaufen. Bis dahin sollte er geheim bleiben.

Der Vertrag entsprang weder ausführlichen diplomatischen Erwägungen noch langen Verhandlungen, er war das spontane Produkt einer Situation, mit der man noch kurz zuvor nicht gerechnet hatte. Tatsächlich war Deutschland im Konflikt zwischen Österreich und Serbien keineswegs neutral gewesen, und bei Abschluss des Vertrags hatte Russland ja bereits den Krieg erklärt. Weil es nicht nur bei der im ersten Vertrag beschriebenen Bedrohung blieb, sondern auch zum Krieg kam, verhandelten die geheimen Partner sogleich einen zweiten Bündnisvertrag, der am 11. Januar 1915 unterschrieben wurde. Darin verpflichteten sich die beiden Reiche zum gegenseitigen Beistand »mit allen ihren

Streitkräften« in einem Krieg gegen Russland, Frankreich oder Großbritannien sowie gegen Koalitionen dieser drei mit weiteren Ländern, etwa den Balkanstaaten.

Die Erwartungen an das Bündnis hätten bei den Beteiligten unterschiedlicher nicht sein können. Der deutschen Seite war völlig klar, dass es sich bei der Türkei um keinen ebenbürtigen Partner handelte. Einerseits hatte Generalstabschef Helmuth von Moltke, genannt Moltke der Jüngere, noch vor wenigen Monaten geurteilt: »Die Türkei ist militärisch eine Null!« Und auch Reichskanzler Theobald von Bethmann Hollweg fragte Botschafter von Wangenheim, ob denn die Türkei überhaupt eine »nennenswerte Aktion gegen Russland unternehmen kann und wird«. Andererseits hatte die Reorganisation der türkischen Armee in den Monaten vor dem Krieg so weit Gestalt angenommen, dass man sich in Berlin eine starke südliche Umfassung des russischen Feindes bis zum Kaukasus (und vielleicht weiter nach Zentralasien) versprach. Zudem hoffte man, dass die deutsch-türkische Allianz bislang neutrale Balkanstaaten an die Mittelmächte binden könnte. Nicht zuletzt erwarteten die Deutschen, dass der Sultan seinen Einfluss in der muslimischen Welt im Kampf gegen die Briten zu ihren Gunsten einsetzen werde.

Umgekehrt hatten die Türken das Bündnis nicht alternativlos gesucht. Der Anschluss an die Entente war nicht zustande gekommen, und auf sich allein gestellt glaubten sie, gegen Russland machtlos zu sein. Anfang August tobte daher immer noch der innertürkische Machtkampf um die Frage, mit wem eine Allianz sinnvoll wäre. Trotz der Abmachung mit Deutschland erklärte sich die Türkei am 3. August erst einmal für neutral. Was man von Deutschland im Falle eines Kriegseintritts erwartete, formulierte Großwesir Said Halim Pascha gegenüber dem deutschen Botschafter: Deutschland solle dabei helfen, die aus der Vergangenheit stammenden europäischen Einspruchsrechte ins türkische Wirtschaftsleben abzuschaffen; es solle gegenüber Bulgarien und Rumänien für die Türkei Partei ergreifen sowie keinen Frieden schließen, bevor nicht besetztes türkisches Gebiet geräumt sei; es habe für türkische Gebietsgewinne in der Ägäis und an der Grenze zu Russland einzutreten sowie nach dem Krieg für angemessene Reparationen zu sorgen. Derweil begann der Krieg im Mittelmeer.

Der deutsche Botschafter in Konstantinopel Hans Freiherr von Wangenheim (1859–1915) handelte die beiden Bündnisverträge mit dem Osmanischen Reich aus.

Als Chef des Großen Generalstabs setzte Helmuth von Moltke (1848–1916) auch in der nahöstlichen Kriegsführung die entscheidenden Akzente.

Die »Goeben« und die »Breslau« wechseln den Besitzer

Seit dem Ersten Balkankrieg 1912 befanden sich deutsche Kriegsschiffe dauerhaft im Mittelmeer. Zusammen mit wenigen kleineren Schiffen bildeten der Schlachtkreuzer S. M. S. »Goeben« und der kleine Kreuzer S. M. S. »Breslau« die Mittelmeerdivision. Im Juli 1914 befanden sich die beiden Schiffe in der Adria, damit im österreichischen Hafen Pola die Kesselanlagen überholt wurden. Um bei Kriegsausbruch nicht durch eine Blockade der Straße von Otranto eingeschlossen zu sein, verlegte Konteradmiral Wilhelm Souchon seinen Verband ins westliche Mittelmeer. Bei Messina versprach er sich größere Operationsfreiheit, erhielt aber den Befehl, das Geschwader nach Konstantinopel zu führen.

Nach der deutschen Kriegserklärung an Frankreich beschoss die »Goeben« den Hafen Philippeville, die »Breslau« den Hafen Bône an der algerischen Küste. Die durch den Beschuss verursachten Schäden wa-

Der kleine Kreuzer »Breslau« hatte zur deutschen Mittelmeerdivision gehört. Bei Kriegsbeginn kauften ihn die Türken, sie nannten das Schiff »Midilli«.

ren gering, doch wurde immerhin die Ausschiffung französischer Truppen ins Mutterland verzögert. Während die Franzosen weitere Angriffe erwarteten, gingen die Briten davon aus, dass sich Souchon zurück in die Adria begeben würde, um sich dort mit der österreichischen Marine zu vereinen. Stattdessen konnten die beiden Schiffe in Messina noch einmal ausreichend bekohlt werden, um sich am 6. August auf den Weg in die Ägäis zu machen. Von einzelnem Beschuss durch britische Einheiten abgesehen, gelang die Fahrt nach Konstantinopel ohne größere Probleme. Am 10. August stand die Mittelmeerdivision vor den Dardanellen. Ohne einen Kabinettsbeschluss abzuwarten, erlaubte Enver Pascha ihr die Einfahrt.

Als die Schiffe nach 24 Stunden noch auf Reede vor Çanakkale lagen, ohne von den formal ja neutralen Türken entwaffnet worden zu sein, behauptete die türkische Regierung gegenüber den Briten, sie habe die beiden Schiffe gekauft – ein nicht ungeschickter Schachzug, nachdem diese doch in der Woche zuvor die beiden türkischen Linienschiffe »Reshadije« und »Sultan Osman« beschlagnahmt hatten. Aus der »Goeben« wurde die »Yavuz Sultan Selim«, aus der »Breslau« die »Midilli«, die deutschen Besatzungen erhielten osmanische Uniformen und den Fez als Kopfbedeckung. Die beiden modernen, erst 1911 vom Stapel gelaufenen Schiffe verstärkten die veraltete türkische Marine erheblich, und sie veränderten die Situation im Schwarzen Meer. Fortan bestand ihre Aufgabe darin, den Bosporus freizuhalten und entlang der türkischen Nordküste den Kohletransport sowie später im Jahr den Nachschub für die Kaukasusfront zu sichern.

Noch immer war die Entscheidung über einen türkischen Kriegseintritt nicht gefallen. Aber die Gruppe um Enver Pascha gewann langsam die Oberhand. Am 2. August hatte das Kabinett im Osmanischen Reich das Kriegsrecht verhängt. Die Abgeordnetenkammer war ausgesetzt worden und trat erst am 14. Dezember wieder zusammen. Am 3. August hatte die türkische Armee mobilgemacht, und am gleichen Tag hatte die russische Marine im Schwarzen Meer türkische Schiffe gestoppt und durchsucht. Am 9. September verkündete das Osmanische Reich einseitig das Ende aller Handelsvorteile nichttürkischer Unternehmen, was sich in erster Linie gegen Firmen aus Großbritannien und Frankreich richten musste. Zudem wurden die Meerengen für fremde Schiffe gesperrt.

Admiral Wilhelm Souchon (1864–1946) im Kreise seines Stabes an Bord der »Goeben«, die nun »Yavuz Sultan Selim« hieß. Die Offiziere tragen den türkischen Fez.

Noch vor Ende des ersten Kriegsmonats verstärkte ein »Sonderkommando« aus zwei Admiralen, 15 Seeoffizieren und 281 Matrosen die deutsche Militärmission. Das Kommando wuchs rasch auf rund 700 Mann an. Zum Oberbefehlshaber über die Verteidigungswerke an den Dardanellen wurde Admiral Guido von Usedom ernannt, Souchon wurde Oberbefehlshaber der türkischen Marine. Insbesondere

Letzteres machte einen weiteren Verbleib der britischen Marinemission unter Vizeadmiral Limpus am Bosporus unmöglich, weswegen sie am 20. September das Land verließ. Als Strafmaßnahme verhängte die britische Regierung eine Blockade vor der syrischen Küste. Zudem schnitt sie das Osmanische Reich von der Kohlezufuhr über das Mittelmeer ab.

Ende Oktober 1914 beschießen türkische Schiffe russische Häfen im Schwarzen Meer. Nach dem Angriff der »Breslau« brennen Petroleumtanks in Noworossijsk.

Die deutsche Seite drängte immer ungeduldiger auf eine aktive Kriegsteilnahme des Osmanischen Reichs. Souchon regte eine Offensive gegen Russland im Schwarzen Meer an. Moltke verlangte zunächst ein Vorgehen gegen die russischen Besitzungen im Kaukasus, dann auch einen Vorstoß am Suezkanal und gegen das britische Protektorat in Ägypten. Derweil ließ der deutsche Rückzug an der Marne den türkischen Partner zögern. Zuletzt drohte Berlin, militärische Lieferungen davon abhängig zu machen, ob die Bündnisverpflichtungen erfüllt würden. Eine Kriegsanleihe in Höhe von zwei Millionen türkischen Pfund »in bar oder in Barren« diente als Entscheidungshilfe.

Am 13. Oktober übermittelte Enver Pascha die osmanischen Kriegspläne: Die russische Flotte werde man angreifen, ohne zuvor den Krieg zu erklären; auf die erwartete russische Kriegserklärung hin werde der Sultan den Heiligen Krieg an der Seite der Mittelmächte befehlen; die türkische Armee werde russische Kräfte am Kaukasus binden; ein Angriff gegen Ägypten könne in sechs Wochen beginnen; auf dem Balkan könnten türkische Truppen abhängig vom Einverständnis der Bulgaren oder Rumänen gegen Serbien und Russland kämpfen.

Enver Pascha hatte Souchon schon Mitte September freie Hand für einen Angriff gegen Russland geben wollen, war aber von seinen Kabinettskollegen zurückgepfiffen worden. Botschafter von Wangenheim schimpfte über die »Flaumacher«. Jetzt, am 24. Oktober, gab Enver den Befehl, den ersten Punkt der Kriegspläne in die Tat umzusetzen. Unter dem Vorwand von Manövern im Schwarzen Meer sollte Souchon eine günstige Gelegenheit zu einem Angriff auf die russische Flotte nutzen. Die wenigen fahrbereiten Schiffe der osmanischen Flotte, verstärkt um die beiden neu hinzugekommenen deutschen Schiffe, liefen am 27. Oktober aus. Geflaggt waren die Signale: »Tun Sie Ihr Äußerstes. Es gilt die Zukunft der Türkei!«

Zwei Tage später beschoss die »Goeben« die Seefestung Sewastopol und versenkte einen russischen Minenleger. Türkische Torpedoboote griffen Odessa an, die dort ankernden russischen Dampfer wurden zerstört. Die »Breslau« schoss die Ölvorräte im Hafen von Noworossijsk in Flammen, und ein türkisches Schiff ging gegen Feodossija vor. Spätestens nach diesen Ereignissen befand sich das Osmanische Reich im Krieg.

Marineminister Cemal Pascha feierte den »Sieg« mit seinen Offizieren, denen er »eine neue Zeit für die Türkei« versprach, »in der jeder mehr als je seinen Mann werde stehen müssen«. Die Botschafter Russlands, Großbritanniens und Frankreichs verließen Konstantinopel. Die Kriegserklärungen dieser drei Länder folgten am 2. und 5. November. Bereits am 3. November beschossen britische Schiffe erstmals die äußeren Forts an den Dardanellen.

↗ Die Proklamation des Dschihad, des Heiligen Krieges, in Konstantinopel war eine symbolträchtige Inszenierung für den deutschen Bündnispartner.

4 Der »Heilige Krieg«

Am 14. November 1914 verlas der islamische Geistliche und Rechtsgelehrte Ali Haydar Efendi in Konstantinopel vor einer Menschenmenge auf dem Vorplatz der Fatih-Moschee die Proklamation zum Dschihad, dem Heiligen Krieg der Muslime. Im Mausoleum der Moschee ist Mehmed II. der Eroberer begraben, der 1453 die Stadt für den Islam erobert und dem alten Byzantinischen Reich ein Ende gesetzt hatte – ein Ort mit größerer kriegerischer Symbolkraft ließ sich am Goldenen Horn schwerlich finden. Der großen öffentlichen Ankündigung war drei Tage zuvor eine interne Zeremonie für Politiker, Militärs und Geistliche vorausgegangen. Der Erlass bestand aus fünf Rechtsgutachten (Fatwas), die von 29 islamischen Würdenträgern unterzeichnet und vom Sultan abgesegnet worden waren.

Nach der Veranstaltung vor der Moschee zogen 30 000 Menschen vor die deutsche Botschaft. Sie jubelten Deutschland, Kaiser Wilhelm II. und dem deutschen Botschafter von Wangenheim zu. Anschließend zog die Menge weiter, plünderte ein russisches Café und warf Steine gegen die russische Botschaft.

Was war der »Heilige Krieg«?

Die Vorstellung eines gottgefälligen, eines geheiligten Krieges ist auch dem Christentum keineswegs fremd. Die Kreuzzüge des Mittelalters waren Heilige Kriege, und noch viele Kriege der Neuzeit wurden religiös begründet.

Heute ist die terroristische Interpretation des islamischen Dschihad gefürchtet. Dadurch ist aber auch das ursprüngliche, spirituelle Konzept erst ins öffentliche Bewusstsein gerückt. Daneben hat es in der islamischen Welt immer eine militante Version des Dschihad gegeben, eine kollektive Verpflichtung zum Kampf gegen die Ungläubigen. Diesen Kampf zu organisieren, war die Aufgabe des Beherrschers der Gläubigen, des Kalifen. Doch es war seit den Anfängen des Islam stets strittig gewesen, ob die weltliche und geistliche Herrschaft in einer Person, einem Nachfolger des Propheten oder gar einem Stellvertreter Allahs, zusammengehöre. In der Praxis hatte deshalb der Dschihad-Gedanke wegen mangelnder Macht der Kalifen, des Desinteresses der Mehrzahl der Gläubigen oder wegen innerislamischer Differenzen keine echte militärische Kraft entfaltet. Seit der Mitte des 13. Jahrhunderts führten die Kalifen eine randständige Existenz in der islamischen Gemeinde, von dem von ihnen organisierten Heiligen Krieg war nur selten die Rede.

Die Osmanen hatten das Kalifat im letzten Drittel des 18. Jahrhunderts wiederbelebt, und schon der 1773 ausgebrochene Krieg gegen Russland war als Dschihad geführt worden. Seitdem waren »Heilige Kriege« 1809 gegen serbische Rebellen, 1829 gegen die russische Unterstützung des griechischen Aufstands und 1897 im griechisch-türkischen Krieg ausgerufen worden. Dagegen spielte der Dschihad keine Rolle während des Krimkriegs, im russisch-türkischen Krieg 1877/1878, dem italienisch-osmanischen Tripolitanienkrieg 1911 sowie den beiden Balkankriegen 1912/1913. Doch im Alltag des türkischen Militärs blieb das Konzept immer gegenwärtig.

1876 und erneut 1908 erhielt das Kalifat Verfassungsrang, der Sultan war als Kalif der Beschützer der islamischen Religion. Damit machte sich der Sultan-Kalif zu einem der wichtigsten Akteure auf dem Feld des Panislamismus. Diese von islamischen Intellektuellen entfaltete Ideologie betonte die kulturelle Gemeinsamkeit der Muslime über die zwischen ihnen von den europäischen Mächten gezogenen Grenzen hinweg mit dem Ziel einer politischen Einheit. In Konstantinopel erkannte man darin früh ein integratives Bindemittel für das von seinen Rändern her zerfallende Reich. Dass sich der Panislamismus in erster Linie nach innen richtete, erkannten die Euro-

DER ISLAM RÜHRT SICH

In der deutschen Propaganda wurde der Dschihad zu einem Kampf der islamischen Welt gegen den britischen Kolonialismus stilisiert.

päer jedoch nicht. Stattdessen wurden der Panislamismus und seine vermeintlich stärkste Waffe, der Heilige Krieg, in den Jahrzehnten vor dem Ersten Weltkrieg zum beherrschenden Schreckgespenst. Die Türken nutzten diese Angst geschickt aus, als sie ihren Kriegseintritt mit der Ausrufung eines Dschihad im November 1914 schmückten.

Dschihad »made in Germany«?

Berlin feierte die deutsch-türkische Allianz unter dem Banner des Dschihad. Es sah sich als Nutznießer eines großen islamischen Aufstands gegen Briten, Russen und Franzosen. In der deutschen Hauptstadt war viel vom Heiligen Krieg geredet worden, tatsächlich aber schloss man sich einer unverstandenen Idee an.

1914 war der strategische Gedanke, dem Feind durch Aufstände weitere Fronten zu eröffnen und Kräfte zu binden, keineswegs neu. Doch es fehlte im entscheidenden Moment des Kriegsausbruchs ein schlüssiges Konzept. Weder in den Schubladen der Politiker noch in den Sandkästen der Militärs waren Aktionen zur »Aufwiegelung gegen unsere Feinde« bereits geplant. Als klar wurde, dass Großbritannien anders als erhofft nicht neutral bleiben würde, begann daher das Improvisieren.

Das Interesse Wilhelms II. an nahöstlichen Entwicklungen gab dabei allen Anstrengungen im Bereich der deutschen Orientpolitik zusätzliche Impulse. Schon vor Kriegsausbruch hatte sich der Kaiser festgelegt: Die deutsche Militärmission in der Türkei müsse »gegen England den Krieg und Aufstand schüren«. Enver Pascha ließ er mitteilen: »Türkei muss losschlagen. Sultan muss die Muselmanen in Asien, Indien, Ägypten, Afrika zum heiligen Kampf auffordern.« Es war Generalstabschef von Moltke, der das in eine Art Anweisungskatalog umformulierte. Anhand dessen sollte versucht werden, Aufstände in Indien und Ägypten (und anderswo) zu entfachen sowie Persien und die Türkei in die deutschen Interessen einzubinden.

Die Revolutionsstrategie (übrigens nicht allein in der islamischen Welt) war ein zentraler Bestandteil der deutschen Kriegsaußenpolitik. Da der militärische Erfolg im Westen auf sich warten ließ, wurden die Revolutionsideen bald als möglicherweise kriegsentscheidend, als »Wunderwaffe« sozusagen, wahrgenommen.

Im Auswärtigen Amt hatten sich im August 1914 eine ganze Reihe von selbsternannten und echten Experten für den Orient gemeldet. Auch der Archäologe Max von Oppenheim bat im August 1914 um seine Verwendung. Er entstammte einer Kölner Bankiersfamilie. Doch nicht die Bankkarriere, sondern das abenteuerliche Forscherleben hatte ihn angezogen, und er beschäftigte sich mit dem orientalischen Kulturkreis. 1896 war ihm der Sprung in den diplomatischen Dienst gelungen, vom

Kennzeichnung des Paßinhabers:

Alter: 39 Jahre

Gestalt: mittelgroß

Haar: dunkel, etwas grau-meliert

Augen: braun

Gesichtsform: rund

Besondere Kennzeichen: Narben auf der linken Backe

Es wird hiermit bescheinigt, daß der Paßinhaber die durch nebenstehende Photographie dargestellte Person ist und die darunter befindliche Unterschrift eigenhändig vollzogen hat.

Berlin, den 13. Januar 1915.

Auswärtiges Amt.

Im Auftrage

Schmidt-Dargitz

Unterschrift des Paßinhabers:

Martin Ohnesorge

Der Diplomat und Archäologe Max Freiherr von Oppenheim (1860–1946) – der Pass aus dem Jahr 1915 weist ihn als Martin Ohnesorge aus – war für die deutsche Kriegspropaganda wegweisend.

deutschen Generalkonsulat in Kairo aus hatte er jahrelang über die politischen Verhältnisse im Nahen Osten berichtet. Seine größte Leidenschaft aber war die Archäologie. Seit 1910 leitete er die Ausgrabungen der Hethiterstadt Tell-Halaf in der Osttürkei, was nach dem Ersten Weltkrieg sein Leben als Wissenschaftler und Museumsgründer bestimmte.

Im Auswärtigen Amt erinnerte man sich im August 1914 seiner früheren guten Dienste und intimen Kenntnis des mutmaßlichen revolutionären Potenzials im Orient. Oppenheim legte als erste größere Diensthandlung eine *Denkschrift betreffend die Revolutionierung der islamischen Gebiete unserer Feinde* vor. Sie gilt manchen heute als die Blaupause der ganzen deutschen Aufruhrstrategie und ist immer wieder Gegenstand der Forschung, des Feuilletons oder des Fernsehens gewesen.

Zwar stellte die Denkschrift durchaus eine umfangreiche politische Handlungsanweisung zur Veränderung des gesamten Raumes von Marokko bis Ägypten und vom Bosporus bis Indien dar. Aber Oppenheims Idee war keineswegs originell: Er bündelte nur, was in manchem Kopf der politischen Führung und darüber hinaus an ungeordneten und oft bizarren Ideen längst vorhanden war.

Dass der Heilige Krieg »made in Germany« sei, hatte schon während des Ersten Weltkriegs der holländische Arabist Christiaan Snouck Hurgronje behauptet. Tatsächlich herrschten die neutralen Niederlande in ihren indonesischen Besitzungen über die größte koloniale Einwohnerschaft islamischen Glaubens; sie hatten deshalb einen muslimischen Aufstand am meisten zu fürchten. Als niederländischer Kolonialbeamter war Snouck Hurgronje also keineswegs interessefrei.

Aber liegt nicht eine ganz besondere Art westlicher Überheblichkeit in der Unterstellung, der Sultan-Kalif, dessen Regierung und die islamische Geistlichkeit könnten ihre religiöse und politische Entscheidung zum Dschihad von den Einflüsterungen eines protestantischen Kaisers aus Berlin oder eines katholischen Archäologen aus Köln abhängig gemacht haben? Die Loyalität der Muslime zum Sultan als ihrem geistlichen Oberhaupt war zwar verschiedenen Gegenströmungen ausgesetzt gewesen, islamische Widerstandsbewegungen blieben aber regionale Phänomene. Um dem zerfallenden Vielvölkerstaat eine religiöse Klammer zu geben, nutzten – wie gesehen – türkische Muslime die panislamische Ideologie. Es bedurfte keines Anstoßes von außen, um die Religion für politische Zwecke zu instrumentalisieren.

Vieles spricht deshalb dafür, Oppenheims Denkschrift eine weit geringere Bedeutung hinsichtlich der Aufstandspläne beizumessen. Eigentlich ist darin auch weit weniger von militärischen Expeditionen als von Propaganda die Rede. Und tatsächlich ist Oppenheims Memorandum nur für die Weltkriegspropaganda wegweisend geworden, nicht für die Kriegführung. In direkter Folge seiner Ausführungen wurde in Berlin eine »Nachrichtenstelle für den Orient« geschaffen.

Propagandakrieg

Diese Nachrichtenstelle koordinierte während des gesamten Kriegs sämtliche Propagandatätigkeit im Orient. Mit publizistischen Mitteln, das heißt durch Aufrufe, Flugblätter, Broschüren und Bücher in zahlreichen östlichen Sprachen und Dialekten, sollten die Menschen des Orients für die Politik und die vorgeblichen Ziele der kriegführenden Mittelmächte gewonnen werden. Zudem wollte man sie gegen die, wie man behauptete, islamfeindlichen Kriegsgegner mobilisieren. Es handelte sich bei den Texten um Kriegsberichte und Kriegschroniken sowie mehrsprachige Zeitungen für die Kriegsgefangenenlager. Die Nachrichtenstelle lancierte Artikel und gründete verdeckt auch eigene Organe, so 1916 in Damaskus und Bagdad. Für den propagandistischen Gebrauch in den neutralen Ländern druckte sie in schweizerischen und niederländischen Verlagen geeignete Werke britischer, amerikanischer und orientalischer Autoren nach. Im Deutschen Reich suchte sie mit dem *Korrespondenzblatt der Nachrichtenstelle für den Orient* die Presse und mit Vorträgen die öffentliche Meinung zu beeinflussen.

Nur in den ersten Monaten leitete Max von Oppenheim diese Nachrichtenstelle. Im Frühjahr 1915 wechselte er nach Konstantinopel, um dort ein eigenes Nachrichtenbüro aufzubauen. Um den Vertrieb der Propagandamittel im direkten Einflussbereich türkischer Herrschaft sicherzustellen, schuf er ein System von rund 80 Nachrichtensälen. Das waren in größeren Ortschaften zentral gelegene Räume, an deren Wän-

Die deutschen Propagandaschriften richteten sich auch an ein nicht lesekundiges Publikum, blieben aber meist plump wie dieser Bildstreifen.

de Telegramme und Bilder geheftet waren. Auf Stehpulten und Lesetischen lag – von den Türken streng zensiert – deutsches Propagandamaterial bereit. Dass Oppenheim mit den Nachrichtensälen in der Türkei eine Art von Geheimdienst aufgebaut habe, ist blühender Unsinn. Das beruht vermutlich einzig auf dem gedanklichen Kurzschluss vom deutschen »Nachrichtenbüro« zum englischen *intelligence* (Nachrichtendienst). Ganz im Gegenteil betrieben die Deutschen eine sehr offene und oft sehr plumpe Propaganda.

Die propagandistische Aktivität der Nachrichtenstelle war auf publizistischem Gebiet zumindest quantitativ sehr groß. Über die Wirkung des unter vielen Schwierigkeiten verbreiteten Schrifttums lässt sich naturgemäß wenig sagen. Der Herausgeber des *Osmanischen Lloyd*, einer deutschsprachigen Zeitung in Konstantinopel, berichtet allerdings, dass die Druckschriften unbeachtet blieben. Das Publikum interessiere sich nur für die Bilder, und im Keller der Botschaft würden sich die Broschüren in allen möglichen Sprachen stapeln. Gleichwohl ließ sich das Auswärtige Amt die Nachrichtensäle in der Türkei einiges kosten. Die Propaganda passte ja auch durchaus zu dem Gesamtkonzept einer revolutionären Aufwiegelung der Muslime gegen die Kriegsgegner.

Revolution im Gepäck

Befasst man sich mit dem Orient während des Ersten Weltkriegs, so kommt man an den nach dem Krieg enorm verklärten militärischen und diplomatischen Missionen nicht vorbei. Im August 1914 herrschte in Berlin ein wahrer Expeditionsrausch. Zahlreiche mehr oder auch weniger geeignete »Experten« versprachen kriegsentscheidende Aktionen, wurden mit viel Geld ausgestattet und scheiterten an ihrer weitreichenden Unkenntnis der Weltgegend, in der sie sich bewegten, sowie an ihren tatsächlichen Aussichten dort. Insgesamt lässt sich konstatieren, dass die in das orientalische Kriegsgebiet entsandten Expeditionen die Folge deutscher kriegspolitischer Improvisation und Teil der deutsch-türkischen militärischen Kooperation waren. Die meisten Teilnehmer wussten wenig über die sprachlichen, ethnischen, politischen oder auch nur geographischen Bedingungen. Alle Missionen beruhten auf der trügerischen Annahme, es bestehe ein panislamischer Zusammenhalt aller

Untertanen des Sultans, auf der missverstandenen Idee des islamischen Dschihad sowie auf den klischeehaften Vorstellungen, die man sich im Westen vom Orient machte, vom Zweistromland, von persischen Reitern, der Seidenstraße und arabischen Stämmen.

Die Geschichten dieser Expeditionen handeln von Revolutionären und Sprengkommandos, von echten und selbsternannten Abenteurern, von Geheimagenten und solchen, denen man das nachsagte, von Hochstaplern und Möchtegernrevoluzzern. Aber sie handeln auch immer vom Misserfolg, wie die folgenden Beispiele zeigen.

Der durch seinen eingangs geschilderten Erlebnisbericht schon bekannte Chemiker Paul Schwarz wurde mit als Pferdesalbe getarntem Sprengstoff und 300 000 Mark nach Erzurum geschickt, um innerhalb von zwei bis drei Monaten die ölbefeuerte russische Eisenbahn lahmzulegen. Einmal beobachtete er türkische Pioniere bei der Sprengung einer kleinen Brücke, doch er selbst brachte keine Detonation zustande. Dem deutschen Botschafter in Konstantinopel fiel bald auf, dass Schwarz offenbar »ein unbegrenztes Vertrauen zu seinen Fähigkeiten, aber nur eine recht undeutliche Vorstellung von [seinen] Aufgaben« hatte. Schwarz rechtfertigte sich damit, immerhin 16 Personen ausgebildet zu haben, denen es gelungen sei, einen Brand zu legen und zweimal eine Pipeline zu stören. Trotzdem verzichtete man bald auf seine Dienste.

Der in der Schweiz lebende Salar ad-Daula war ein Nachkomme der in Persien herrschenden Qadjaren-Dynastie, sehr zu seinem Leidwesen aber nicht der Thronfolger. Auf Gouverneursposten, bei Aufständen und als Bandenführer hatte er sich in seiner Heimat unmöglich gemacht. Der deutsche Gesandte meldete, dass man ihn in Teheran »für nicht ganz normal« halte. Trotzdem entschied sich die Berliner Führung Anfang November 1914, für »Bewaffnung und ähnliche Zwecke« und zur »Entrollung der Geschehnisse« 50 000 Mark bereitzustellen. Auf seiner Reise nach Persien schnappten die Türken diesen »Revoluzzerprinzen« und internierten ihn.

Seit jeher war die anglo-ägyptische Herrschaft im Sudan unsicher gewesen, der Gedanke lag daher sehr nahe, dort einen Aufruhr anzuzetteln. Der Forschungsreisende Leo Frobenius sollte das umsetzen. Mit seiner überheblichen Art brachte er jedoch in Konstantinopel alle türkischen Verantwortlichen gegen sich auf, sodass diese ihn nicht weiter unterstützen mochten. Dann legte er sich im eritreischen Massaua einen militärischen Rang zu, der ihm nicht zustand, weshalb ihn die neutralen Italiener nicht weiterreisen ließen. Nur mit Mühe konnte Frobenius davon abgehalten werden, die Angelegenheit in der Presse auszubreiten. Für einen zweiten Entsendungsversuch war er damit nicht mehr zu gebrauchen.

300 000 Mark stellte die Reichsleitung einer Expeditionsgruppe um den Hauptmann Fritz Klein zur Verfügung, die Pipelines und Raffinerien der Anglo-Persian Oil Company sprengen und schiitische Stämme für die deutsche Sache gewinnen sollte. Aber die Verhandlungen mit muslimischen Würdenträgern hinter dem Rücken der Türken erregten so viel Aufsehen, dass Klein bald davon abließ. Die Sprengungen waren zumindest zeitweise erfolgreich, verhinderten jedoch nicht, dass die persische Ölproduktion insgesamt gesteigert wurde.

Die legendär gewordene Reise des bayerischen Offiziers Oskar Niedermayer und des Diplomaten Werner Otto von Hentig hatte Kabul zum Ziel, wo angeblich der afghanische Herrscher »zu jeder feindlichen Unternehmung gegen England und Russland bereit« sei. Dazu sollte er mit reichlich Geld und einem Waffendeal ermuntert werden. Tatsächlich waren die Mitglieder der deutschen Gruppe ohne Umsicht ausge-

Ein Offizier und ein Diplomat auf Mission in Kabul: Oskar Niedermayer (1885–1948) in der Mitte zwischen zwei Offizieren sowie hinten links auf dem Pferd sitzend Werner Otto von Hentig (1886–1984).

Die Mitglieder der Niedermayer-Hentig-Expedition vor ihrem Aufbruch in Aleppo: rechts sitzend Wilhelm Waßmuß

wählt und mangelhaft vorbereitet; obendrein zerstritten sich die beiden Anführer. Der Emir von Afghanistan dachte auch nicht im Entferntesten daran, sich am Krieg der Deutschen zu beteiligen. Vielmehr hielt er listig deren Mission lange mit hohen Geld- und Materialforderungen hin, benutzte die Gruppe aber gleichzeitig geschickt als diplomatisches Druckmittel gegenüber dem britischen Vizekönig in Indien.

Der junge Dolmetscher Wilhelm Waßmuß hatte sich eigenmächtig von der Niedermayer-Hentig-Expedition getrennt, um südpersische Stämme aufzustacheln. Das Auswärtige Amt und die Botschaft in Konstantinopel ließen ihn gewähren. Nach nur kurzer Zeit lief er in eine Falle, wodurch die Briten in den Besitz von Propagandamaterial, Karten, des Chiffrebuchs und einer Namensliste der im Orient aktiven Deutschen gelangten. Waßmuß suchte das seinen Gegnern heimzuzahlen und initiierte ein paar Überfälle auf die britische Etappe in Bushir, schnitt sich aber letztlich nur selbst den Rückweg ab. Von Räubern überfallen, marschunfähig verletzt, mittel- und hilflos versteckte er sich bis Kriegsende, um dann doch noch in englische Haft zu geraten, die er nach 1918 im Kölner Gefängnis Klingelpütz abzusitzen hatte.

Symptomatisch für die Qualität der deutschen Orientpolitik ist die Episode um den Journalisten Max Roloff, der sich im August 1914 erbot, als Pilger verkleidet in Mekka für die deutsche Sache zu werben, und dafür einen Geldbetrag kassierte, seinen Reisebericht aber in Breslau frei erfand. Zwar wurde Roloff kurzzeitig festgenommen, das Verfahren jedoch bis nach dem Krieg ausgesetzt, um dem Hochstapler keine Gelegenheit zu öffentlicher Selbstdarstellung zu geben. Später vergaß man den peinlichen Vorfall dann lieber ganz.

Als »Dr. Mann« getarnt, versuchte der jüngste Sohn der Industriellenfamilie Mannesmann, Araberstämme in Nordafrika und die Fremdenlegion zum Aufstand zu bewegen. Dafür standen ihm 300 000 französische Francs zur Verfügung, eine Summe, die nicht nur auf notorisch schlechte Menschen eine gewisse Anziehungskraft ausübt. Der Kontakt zu den Senussi, einer militanten islamischen Gruppe in der Nordsahara, wurde Otto Mannesmann zum Verhängnis. Die Umstände seines Todes im Jahr 1916 wurden niemals aufgeklärt. Aufstände jedenfalls initiierte »Dr. Mann« nicht.

Die Gründe für diese kurz beschriebenen Misserfolge liegen nicht allein in materiellen und personellen Problemen bei der Ausstattung der Expeditionen selbst. Es fehlte ein in sich geschlossenes Gesamtkonzept des »Krieges an fernen Fronten«. So war die wohl wesentlichste Ursache für die Erfolglosigkeit, dass viele ihre eigenen Fähigkeiten überschätzten. Von den großen politischen und militärischen Plänen blieben am Ende nur die persönlichen Abenteuer der beteiligten Offiziere und Diplomaten. Filmreif waren die Aktionen allesamt, aber nur die folgende Episode hat es wirklich ins Kino geschafft – dafür gleich mehrmals: als Stumm-, Ton- und Farbfilm.

Die »Emden« und die Odyssee des Trupps »von Mücke«

Die Besatzung des Leichten Kreuzers »Emden« hatte keine Expedition auf der arabischen Halbinsel im Sinn, als sie am 6. August 1914 von Tsingtao aus auf Fahrt ging. Das Schiff war erst 1910 in Dienst gestellt worden, gehörte also zum Modernsten, was das Ostasiengeschwader zur Verfügung hatte, als der Krieg ausbrach. Im September und Oktober brachte die »Emden« zwischen Sumatra und den Malediven eine ganze Anzahl von Frachtschiffen der Kriegsgegner auf. Die Kaperfahrt endete nordwestlich von Australien bei den Kokosinseln, wo man ein Versorgungsschiff treffen wollte. Dort, auf Direction Island, befand sich eine britische Kabelstation, die ein Landungstrupp unter dem Kommando des Kapitänleutnants Hellmuth von Mücke zerstören sollte. Doch den Notruf der Briten fing der australische Kreuzer »Sydney« auf, woraufhin er die »Emden« am 9. November bei dem Korallenatoll North Keeling Island stellte und versenkte. 136 Besatzungsmitglieder verloren ihr Leben.

Mücke beschlagnahmte nun den Dreimastschoner »Ayesha«, der abgetakelt vor Direction Island lag. Mit dem 30 Meter langen Holzschiff stach er mit drei Offizieren, sechs Unteroffizieren sowie 38 Mannschaften in See, um einer Gefangennahme zu entgehen. Mit dem von den britischen Funkern zuvor sabotierten Segler kamen sie tatsächlich bis Padang an der Westküste Sumatras, wo die neutralen Niederländer ihnen 24 Stunden Aufenthalt gewährten. Mithilfe des deutschen Konsuls gelang ihnen auf See der Wechsel auf einen deutschen Frachter; die »Ayesha« wurde versenkt.

Nach dem Beschuss durch den australischen Kreuzer »Sydney« sinkt die »Emden« am 9. November 1914 vor den Kokosinseln.

Am 23. Mai 1915 werden die Männer der »Emden« und Kapitänleutnant Hellmuth von Mücke (1881–1957) in der deutschen Botschaft in Konstantinopel empfangen.

Mücke hatte von dem deutsch-türkischen Bündnis erfahren und wollte nun über Arabien mit der Hedschas-Bahn nach Kleinasien und Deutschland gelangen. In al-Hudaida ging er mit seinen Leuten unbemerkt an Land. Der türkische Statthalter im Jemen erwartete von den deutschen Soldaten Beistand gegen widerspenstige Araber, ein Ansinnen, dem sich Mückes Trupp auf zwei arabischen Dhaus entzog. Sie segelten darauf nordwärts durchs Rote Meer, stets in der Gefahr, von britischen Schiffen entdeckt zu werden. Bei Dschidda gingen sie erneut an Land, beschafften sich Kamele und ritten in Richtung Mekka. Ein überraschender Angriff von Beduinen trieb sie jedoch wieder auf eine Dhau, mit der sie ihren Weg durchs Rote Meer nach Norden bis zu dem Fischernest al-Wadschh fortsetzten. Inzwischen dauerte ihre Odyssee schon ein halbes Jahr. Am 6. Mai 1915 gelang es Mückes Einheit endlich, die Hedschas-Bahnlinie zu erreichen, mit der sie durch Syrien nach Konstantinopel gelangte. Inzwischen hatten die Männer Berühmtheit erlangt: Man schmückte ihnen zu Ehren die Bahnhöfe, und sie wurden im Konsulat in Damaskus sowie in der deutschen Botschaft empfangen.

Hellmuth von Mücke blieb zunächst im Osmanischen Reich. 1916 tat er Dienst bei der Flussabteilung auf dem Euphrat, später befehligte er die deutsche Donau-Halbflottille. Als Korvettenkapitän schied er bei Kriegsende aus der Marine aus. Seine Männer kämpften an unterschiedlichen Fronten, doch viele kamen schon bald nach ihrer aufsehenerregenden Odyssee ums Leben.

↗ Das Osmanische Reich war bei Waffen und Ausrüstung auf deutsche Lieferungen angewiesen, deutsche Ausbilder inklusive.

5 Ungleiche Partner

Militärische Entwicklungshilfe

Von 1914 bis 1918 kämpften etwa 32 000 deutsche Soldaten an Fronten im Nahen Osten. Anfangs waren es nur wenige Offiziere in Konstantinopel, dann ein paar Dutzend Militärinstrukteure, später 700 Soldaten auf den Dardanellen. Erst mit der Entsendung des Levantekorps wurden es mehr. Am Ende blieben noch einige Tausend im Kaukasus. Das sind nicht viele, verglichen mit den mehr als 13 Millionen deutschen Soldaten, die im Ersten Weltkrieg eingesetzt wurden. Auch im Vergleich mit den drei Millionen Mann der osmanischen Armee erscheint die Zahl gering.

Trotzdem konzentrierte die deutsche Militärmission nahezu alle Kernaufgaben einer funktionierenden Streitmacht in ihrer Hand. Bis zu 800 deutsche Offiziere taten Dienst in osmanischen Einheiten. Sie erhielten Posten im Generalstab und in allen nachgeordneten Militärstäben, sie kommandierten die 3., 5., 6. und 8. Osmanische Armee, befehligten Korps und Divisionen. Zentrale Aufgaben in der Artillerie, der Marine, im Sanitätswesen, bei der Waffenfertigung, der Ausbildung, in technischen Bereichen gingen an deutsche Militärangehörige oder Zivilisten über. Der Aufbau einer Fliegertruppe, der Festungsbau an den Meerengen, das Lazarettwesen und das Wissen um Hygienestandards, Militärkleidung, der Umgang mit den Pferden – es gab keinen Bereich, in dem nicht deutsche Offiziere, Unteroffiziere und Zivilisten als Instrukteure zu finden gewesen wären.

Um nicht auf wirtschaftlichem und politischem Gebiet von den Deutschen ausgestochen zu werden, engagierte sich bald auch Österreich-Ungarn am Bosporus. Es trat dem deutsch-türkischen Bündnis mit einem Notenwechsel vom 21. März 1915 bei. In kleinerem Umfang entsandte Wien nun ebenfalls Militärpersonal und Material.

Notwendig war die weitreichende Militärhilfe wegen der gesellschaftlichen und wirtschaftlichen Rückständigkeit des Osmanischen Reichs, die alle Lebensbereiche berührte. Allen Bemühungen, den Anschluss an den Westen und die Moderne nicht ganz zu verlieren, standen eine hohe Staatsschuld und die Reformunwilligkeit weiter Teile der Elite im Land entgegen. Das Bildungsniveau war niedrig, die wenigsten konnten lesen und schreiben. Zudem kennzeichneten religiöse und ethnische Spannungen den Vielvölkerstaat.

Auch das Militär hatte mit Herausforderungen zu kämpfen. Die Türkei war ein Entwicklungsland, aus dem sich das Deutsche Reich einen Bündnispartner eigentlich erst schaffen musste. Das Land verfügte über keine nennenswerte eigene Rüstungsfertigung, bei Waffen und Ausrüstung war es auf die deutschen Lieferungen angewiesen. Das vormoderne Straßen- und Wegenetz erschwerte den Nachschub. Das größte einzelne Infrastrukturprojekt der Vergangenheit, die anatolische Eisenbahn und ihre Verlängerung nach Bagdad, die berühmte Bagdadbahn, war nur in Teilen fertig. Ein nutzbares, verzweigtes Bahnnetz existierte nicht. Von Deutschland aus existierte nicht einmal eine geeignete Nachschubverbindung mit der Bahn. Erst nach der Eroberung Serbiens war es möglich, Menschen und Material auf von den Mittelmächten kontrollierten Wegen nach Konstantinopel zu bringen. Im Januar 1916 erreichte der erste dieser Balkanzüge den Bosporus.

Deutsche Offiziere

Die deutsche Militärmission leitete **Otto Liman von Sanders**. Der 1855 im pommerschen Stolp geborene Sohn eines Kaufmanns war nach seinem Abitur in den Militärdienst eingetreten. Nichts in seiner unauffälligen Laufbahn prädestinierte ihn für den Einsatz. Zwar war er in den 1890er Jahren im Generalstab tätig, zuletzt aber Divisionskommandeur in Kassel gewesen. Als Leiter der Mission bekleidete er in der türkischen Armee zunächst den Rang eines Generals. Seine Entsendung nach Konstantinopel hatte 1913 noch eine diplomatische Krise insbesondere mit Russland heraufbeschworen, doch durch den Ausbruch des Krieges hatte sich dieser Konflikt erledigt. Liman wurde zum Marschall der osmanischen Armee ernannt. Seit März 1915 befehligte er die 5. Osmanische Armee an den Dardanellen, die in der Schlacht von Gallipoli die Landung feindlicher Truppen verhinderte. Im März 1918 übernahm er den Oberbefehl über die Truppen in Syrien und Palästina, konnte aber den Vormarsch der Briten nicht verhindern. Nach dem Krieg verbrachte er einige Monate in britischer Haft. Seinen Ruhestand verlebte er in München, wo er 1929 starb.

Erich von Falkenhayn (1861–1922) hatte es von der Kadettenanstalt in Culm bis zum preußischen Kriegsminister gebracht. Auf dem Weg dahin hatte er als Militärberater in China gewirkt. 1900 war er bei der Niederschlagung der chinesischen Boxer-Bewegung als Generalstabsoffizier beteiligt. Als Minister drängte er Wilhelm II. in der Julikrise 1914 zur Kriegserklärung. Mitte September 1914 wurde er Chef des Generalstabs. Schon im Herbst zweifelte Falkenhayn an der Möglichkeit eines militärischen Sieges und verlangte Verhandlungen über ein Kriegsende. Als Kriegsminister wurde er abgelöst, blieb aber bis Sommer 1916 Generalstabschef. Anschließend gelang ihm als Befehlshaber die rasche Eroberung Rumäniens, das im August 1916 gegen die Mittelmächte in den Krieg eingetreten war. Im Juli 1917 übernahm Falkenhayn den Befehl über die neu aufgestellte osmanische Heeresgruppe F, die eigentlich Bagdad von den Briten zurückerobern sollte, dann aber an der Palästinafront eingesetzt wurde. Dort verhinderte er die Deportation der Juden, denen die Türken das gleiche Schicksal zugedacht hatten wie den Armeniern. Da er militärisch erfolglos blieb, wurde er im März 1918 durch Liman von Sanders ersetzt.

Zwölf Jahre hatte der 1843 in Ostpreußen geborene **Colmar Freiherr von der Goltz** von 1883 bis 1895 schon als Militärberater im Osmanischen

Colmar Freiherr von der Goltz (1843–1916) war Militärberater des Sultans und befehligte die 1., später die 6. osmanische Armee.

Reich zugebracht. Erfahrungen hatte er zuvor im Krieg gegen Österreich 1866 und gegen Frankreich 1871 gesammelt. In der Türkei konnte er den Sultan davon überzeugen, Offiziere in Preußen ausbilden zu lassen. Unter den jungtürkischen Revolutionären bildeten diese Offiziere eine prodeutsche Gruppe, die 1914 den türkischen Kurs maßgeblich beeinflusste. Nach seiner Rückkehr nach Deutschland durchlief von der Goltz noch einige Kommandostellungen. 1913 ging er als Generalfeldmarschall in den Ruhestand. Mit mehr als 70 Jahren kam er im Ersten Weltkrieg für ein Frontkommando eigentlich nicht mehr in Frage. Er wurde im Dezember 1914 militärischer Berater des Sultans und übernahm im März 1915, als Liman von Sanders die Verteidigung der Meerengen organisierte, den Oberbefehl zunächst der 1. Osmanischen Armee in Konstantinopel, später im Jahr der 6. Armee in Mesopotamien. Von der Goltz starb 1916 in Bagdad; er ist im Garten der Sommerresidenz der deutschen Botschaft in Tarabya am Bosporus beerdigt.

Unter den zahlreichen Verwendungen **Friedrich Bronsart von Schellendorffs** (1864–1950) sticht seine Zeit als Militärbeobachter in Japan während des Russisch-Japanischen Krieges 1904/05 hervor. Diese Erfahrung brachte den knapp 50-jährigen Oberst 1913 als Stellvertreter Limans in die Militärmission. Im Februar 1915 stieg er zum Chef des Generalstabs der osmanischen Armee auf, wodurch er zu einem der wichtigsten Mitarbeiter des türkischen Kriegsministers Enver Pascha wurde. Bronsart machte Liman und andere deutsche Offiziere für das Misslingen der türkischen Winteroffensive im Kaukasus verantwortlich. Dem deutschen Drängen auf seine Abberufung kam Enver lange nicht nach. Erst im November 1917 wurde Bronsart auf Druck der deutschen Botschaft und Falkenhayns durch Hans von Seeckt abgelöst. 1919 schied er als Generalleutnant aus dem Militärdienst, studierte noch Landwirtschaft und zog sich auf einen Bauernhof an der Ostsee zurück.

Der 1870 in Nürnberg geborene **Friedrich Kreß von Kressenstein** war in der bayerischen Armee aufgestiegen. Zeitweise war er zum Großen Generalstab in Berlin kommandiert. Zuletzt war er im Kriegsministerium in München tätig, bevor man ihn im Januar 1914 zur Disposition stellte. Im Rahmen der deutschen Militärmission leitete er als türkischer Oberstleutnant zunächst die Feldartillerie-Schießschule und war dann Chef der Mobilmachungsabteilung im Generalstab der osmanischen Armee. Erfolglos kommandierte er die Expedition der türkischen 4. Armee zum Suezkanal im Januar 1915. Auch eine zweite Offensive unter seiner Leitung schlug im Sommer 1916 fehl. Besser gelang ihm die Verteidigung Palästinas in den beiden Gazaschlachten, er musste das Kommando aber an Falkenhayn abtreten. Im Juni 1918 übernahm er das Kommando über die Deutsche Kaukasusexpedition, ein militärisches Unternehmen, das die Öllieferungen ans Deutsche Reich sichern und dafür den neuen Staat Georgien stabilisieren sollte. Nach dem Weltkrieg blieb er bis 1929 Offizier der Reichswehr. Kreß starb 1948 in München.

Muslimische Kriegsgefangene in Deutschland

Auf dem nahöstlichen Kriegsschauplatz kämpften die Deutschen an der Seite von muslimischen Kameraden. Doch Muslimen begegneten die deutschen Soldaten an allen Fronten: Die Briten setzten Soldaten vom indischen Subkontinent ein, die Franzosen nordafrikanische Kolonialtruppen und die Russen Krieger aus ihren kaukasischen Provinzen. Im Nahen Osten kamen die gefangenen Soldaten in osmanische Lager, doch um die Kriegsgefangenen islamischen Glaubens von anderen Kampfplätzen mussten sich die Deutschen selbst kümmern.

Viele solche Gefangene wird es noch nicht gegeben haben, als Botschafter von Wangenheim am 30. August empfahl, die Muslime in deutschem Gewahrsam »besonders rücksichtsvoll« zu behandeln und die Vorschriften ihrer Religion zu beachten. Zu diesem Zeitpunkt war die Türkei noch nicht in den Krieg eingetreten, man hoffte also, sie dadurch, dass man in den Muslimen keine Feinde sah, zugunsten Deutschlands zu beeinflussen. Max von Oppenheim, der darin ein Betätigungsfeld für sein Propagandabüro erkannte, riet dazu, die muslimischen Gefangenen in einem gemeinsamen Lager in der Nähe von Berlin zusammenzufassen, um sie dort für ihre »Benutzung« vorzubereiten: Er dachte daran, muslimische Einheiten aufseiten der osmanischen Armee kämpfen zu lassen oder ausgesuchte Gefangene freizulassen, damit diese in ihrer Heimat für die deutsche Propaganda tätig würden. Dafür aber wären sie »gut zu behandeln«, eine kleine Moschee sollte gebaut und ein Imam eingesetzt werden.

Im »Halbmondlager« bei Berlin waren muslimische Soldaten der französischen Streitkräfte und indische Gefangene untergebracht.

Im Januar 1915 zählte man 5183 muslimische Unteroffiziere und Mannschaften sowie 21 Offiziere, die in Lagern bei Zossen südlich von Berlin unterzubringen waren. Dort gab es einen alten Truppenübungsplatz der preußischen Armee. Bis März hatte man zwei Lager in Wünsdorf und Weinberge, ein weiteres in Ruhleben zwischen Berlin und Spandau eingerichtet. Während man ins »Halbmondlager« in Wünsdorf Angehörige der französischen Streitkräfte und indische Gefangene schickte, darunter auch Hindus und Sikhs, lebten im »Weinberglager« vor allem Tataren, Asiaten und Kaukasier aus der russischen Armee. Sogenannte »Farbige«, Zivilinternierte aus dem britischen Herrschaftsbereich, kamen nach Ruhleben. Insgesamt lebten in den beiden Lagern südlich von Berlin an die 30 000 Gefangene. Die Zahl reduzierte sich im Kriegsverlauf stark, weil man die meisten Soldaten nach Rumänien verlegte.

Die Idee einer Lagermoschee wurde noch im Sommer 1915 verwirklicht. Der am 13. Juli im »Halbmondlager« Wünsdorf eingeweihte Holzbau gilt als die erste Moschee im Deutschen Reich. Sie war jedoch schon 1925 so baufällig, dass sie wieder abgerissen werden musste. Für die 206 Kriegsgefangenen, die in den Lagern starben, wurde ein Friedhof in der Gemarkung Zehrensdorf angelegt. Dieser verfiel später, als der Ort Teil eines sowjetischen Truppenübungsplatzes wurde. 2005 wurde er als Gräberstätte der Commonwealth War Graves Commission renoviert.

Die vielen Menschen fremder Kulturkreise erregten rasch das Interesse verschiedener Wissenschaftler in der nahen Reichshauptstadt. Völkerkundler, Sprachwissenschaftler, sogar Musikwissenschaftler nutzten die Gunst der Stunde, um die Sprachen und Kulturen der in den Lagern Festgehaltenen zu erforschen. Ein Maler ließ Nordafrikaner Modell stehen. Die Musik der Gefangenen wurde auf Grammophonplatten geritzt.

Vor allem aber waren die Muslime der deutschen Propaganda ausgesetzt. Die Nachrichtenstelle für den Orient ›informierte‹ sie in mehrsprachigen Zeitungen über den Kriegsverlauf, die deutsch-türkische Waffenbrüderschaft und die deutsche Haltung gegenüber der islamischen Welt. Ziel war die Beeinflussung in deutschem Sinn: Eventuell ließen sich Kämpfer für muslimische Verbände finden, die an welchen Fronten auch immer einzusetzen gewesen wären. Dazu ist es nach allem, was man weiß, nicht gekommen.

Eine Ausnahme fremder Truppen unter deutscher Führung war die Georgische Legion, die aber gerade nicht in deutschen, sondern in Lagern der osmanischen Armee rekrutiert wurde, und die zudem mehrheitlich aus Christen bestand. Der Diplomat Friedrich-Werner Graf von der Schulenburg stellte 1915 diese Einheit, bestehend aus rund 1500 Mann, im türkischen Samsun zusammen. Sie wurde von einem deutschen Leutnant und einem georgischen Generalmajor geführt. Die Georgier hatten einen unabhängigen Staat im Sinn, die Deutschen wollten die Truppe ausschließlich im Fall eines Aufstands in Russland einsetzen, und die Türken sahen in ihr einen einsatzfähigen Verband von Freischärlern. Diese gegensätzlichen Interessen führten letztlich dazu, dass die Georgische Legion nahezu gar nicht kämpfte. Trotzdem bildete sie während der kurzen Unabhängigkeit Georgiens 1918 bis 1921 den Grundstock von dessen nationaler Armee.

↗ Britische Soldaten marschieren über eine Brücke in Basra (1916). Der Hafen am Schatt al-Arab wurde im November 1914 erobert.

6 Der Krieg an Euphrat und Tigris

Kapitänleutnant Hellmuth von Mücke tat noch Dienst auf der »Emden« auf ihrem Weg zu den Kokosinseln, und Paul Schwarz saß im Zug von Berlin nach Konstantinopel, als Großbritannien am 5. November 1914, dem Tag der Kriegserklärung an das Osmanische Reich, Zypern annektierte. Schon seit einer Konvention aus dem Jahr 1878 war die Insel britisches Protektorat, für das London jedes Jahr einen Tribut an den Sultan in Konstantinopel entrichtete. Für die Briten waren die zyprischen Tiefwasserhäfen wichtig für ihren *highway to India*, ihre Seeverbindung über Gibraltar und durch den Suezkanal zur wichtigsten und größten Kolonie. Die formelle Aneignung der Insel als Kronkolonie sollte vor allem die britische Vorherrschaft in einem Meer unterstreichen, das die Türken durchaus als ihres ansahen. Fast zur gleichen Zeit griffen britische Truppen in einem anderen Meer, dem Persischen Golf, nach einem osmanischen Hafen, nämlich Basra im heutigen Südirak.

Bald entwickelte sich im Zweistromland einer der vier Hauptschauplätze des Weltkriegs im Nahen Osten. Die anderen waren die Front im

Die Kriegsschauplätze des Osmanischen Reichs im Ersten Weltkrieg 1914–1918

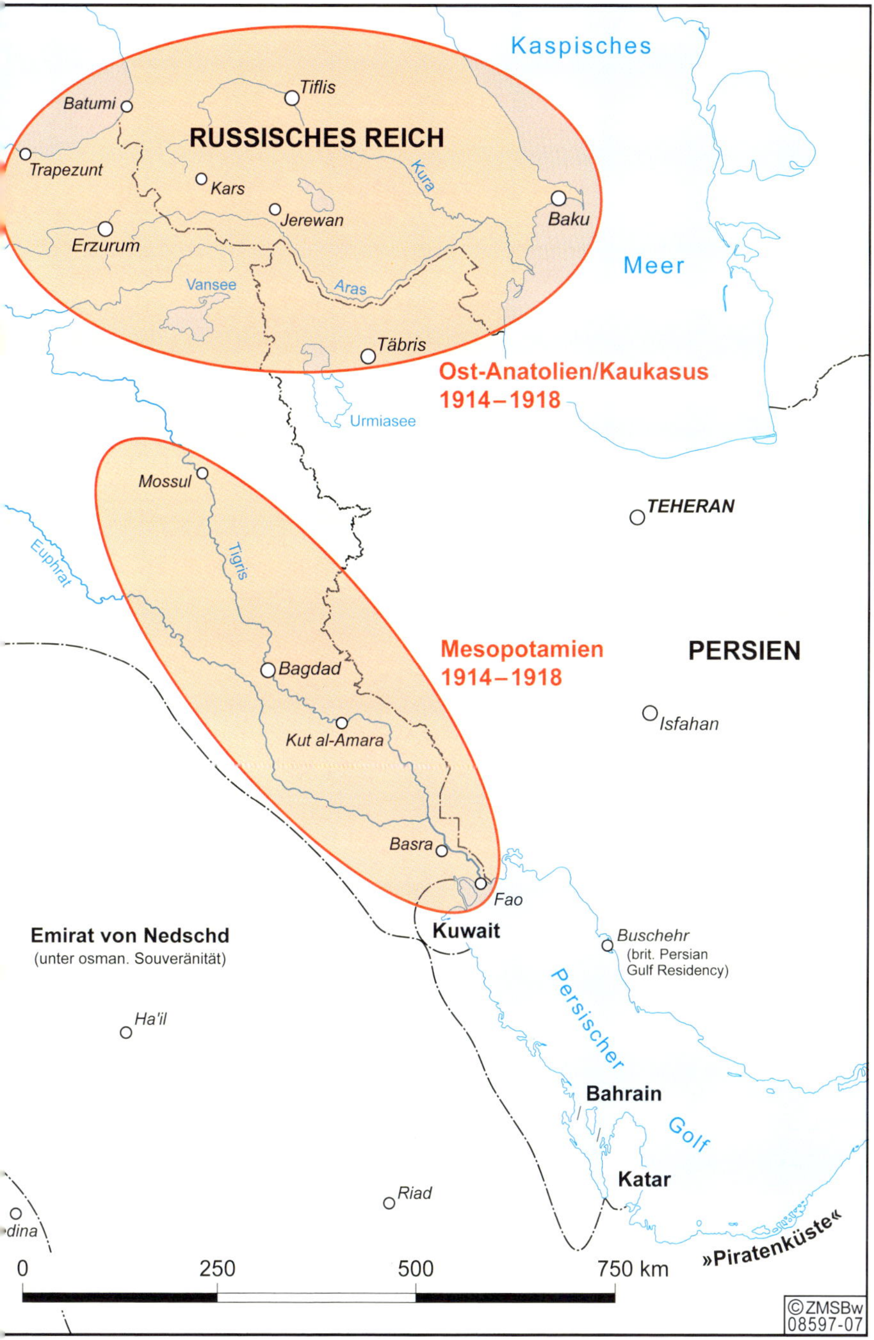

Kaspisches
Meer
Batumi
Tiflis
RUSSISCHES REICH
Trapezunt
Kura
Kars
Baku
Jerewan
Erzurum
Vansee
Aras
Täbris
Ost-Anatolien/Kaukasus
1914–1918
Urmiasee
Mossul
TEHERAN
Tigris
Euphrat
Mesopotamien
1914–1918
PERSIEN
Bagdad
Isfahan
Kut al-Amara
Basra
Fao
Kuwait
Emirat von Nedschd
(unter osman. Souveränität)
Buschehr
(brit. Persian
Gulf Residency)
Persischer
Golf
Ha'il
Bahrain
Katar
Riad
dina
0
250
500
750 km
»Piratenküste«
©ZMSBw
08597-07

Kaukasus, die Kämpfe an den Dardanellen und der Konflikt auf der Halbinsel Sinai, bei dem es um die Kontrolle des Suezkanals und die Eroberung Palästinas ging.

Die Schlacht um Basra

Die beiden großen Flüsse Mesopotamiens, der Euphrat und der Tigris, vereinen sich gut 200 Kilometer vor dem Persischen Golf zu einem Mündungsstrom, dem Schatt al-Arab; auf seinen letzten etwa 50 Kilometern bildet er die Grenze zu Persien. Am Schatt al-Arab liegt Basra, aber auch Abadan auf der persischen Seite. Dort raffinierte die Anglo-Persian Oil Company (APOC) das beiderseits der Grenze geförderte Rohöl und verlud es auf Tankschiffe. Die britischen Besitzer des Unternehmens mussten fürchten, dass ein Krieg ihre wirtschaftlichen Interessen gefährdete. Deshalb stand genau diese Region bereits Ende September im Fokus der britischen Militärführung. 5000 Soldaten unter dem Befehl des Brigadegenerals Walter Delamain wurden präventiv in den Golf befohlen.

In Mesopotamien kämpften aufseiten der britischen Armee in erster Linie indische Soldaten.

Der Angriff begann am 6. November mit einem Landungsunternehmen bei Fao, einem befestigten Ort auf der äußersten Landspitze des Schatt al-Arab. Beschuss von der britischen Sloop »Odin«, einem kleineren Kriegsschiff, zerstörte die osmanischen Küstenbatterien und vertrieb die Besatzung des Forts; der Ort wurde in der Nacht eingenommen. Die Briten setzten ihre Fahrt flussaufwärts fort, wo sie bei Abadan die Ölraffinerie der APOC sicherten. Delamain wollte für den Weitermarsch nach Basra auf Verstärkungen aus Indien warten und ließ ein Feldlager befestigen. Ein osmanischer Gegenangriff auf dieses Lager konnte am Morgen des 11. November zurückgeschlagen werden.

Drei Tage später trafen der eigentliche Kommandeur des Unternehmens, Generalleutnant Arthur Barrett, und das Gros indischer Truppen ein. Mit der 17. und 18. Infanterie-, der 10. Feldartilleriebrigade sowie Teilen des 33. Kavallerieregiments mit 1200 Kamelen, zwei bewaffneten Sloops auf dem Fluss und weiteren Spezialtruppen fühlte sich Barrett ausreichend gerüstet, um Basra einzunehmen. Sechs Kilometer vom britischen Lager entfernt hatten sich 2000 Soldaten der 38. osmanischen Division mit acht Geschützen eingegraben. Die türkischen Truppen gaben nach kurzem Gefecht ihre Stellung auf und zogen nach Norden ab.

Die leichten Siege bei nur geringen eigenen Verlusten ließen die Briten übermütig werden. Die abziehenden Türken wurden nicht verfolgt, die Aufklärung des Gegners vernachlässigt. Als Delamain die britischen Truppen am 17. November ohne Kampfgepäck durch die Wüste vorrücken ließ, trafen sie auf heftige Gegenwehr. Auf breiter Linie hatten sich rund 3800 reguläre türkische Truppen und rund 1000 arabische Stammeskrieger mit ihren Geschützen aufgestellt. Gleichzeitig verhinderten hohe Palmen die Unterstützung von den Sloops aus; ein Gewitter tat schließlich ein Übriges. Zwar konnten die Osmanen geschlagen und vertrieben werden, doch der Vormarsch war ausgebremst worden, und die britischen Verluste waren diesmal hoch.

Noch weit höhere Verluste hatten die osmanischen Truppen zu beklagen. Ihr Befehlshaber General Javit Pascha gab deshalb Basra auf und ließ erst wieder 160 Kilometer nördlich bei Amara am Tigris eine Verteidigungsstellung einrichten. Barrett verlegte rasch zwei Bataillone mit Flussdampfern und den beiden Sloops in die Stadt. Schon am 23. November paradierten dort die Briten.

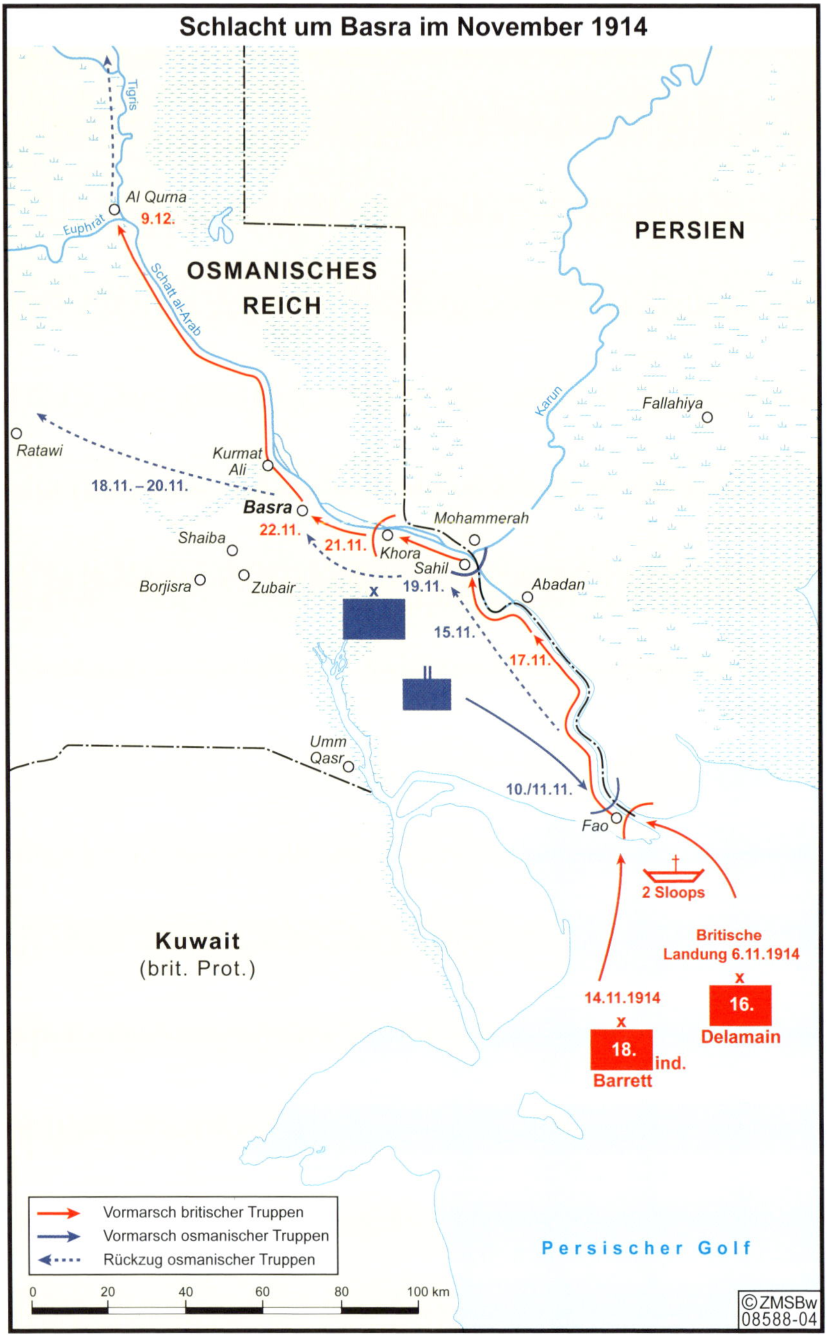
Schlacht um Basra im November 1914
Tigris
Al Qurna
9.12.
Euphrat
Schatt al-Arab
OSMANISCHES
REICH
PERSIEN
Karun
Fallahiya
Ratawi
Kurmat Ali
18.11. – 20.11.
Basra
22.11.
21.11.
Mohammerah
Khora
Sahil
Shaiba
Borjisra
Zubair
19.11.
Abadan
15.11.
17.11.
Umm Qasr
10./11.11.
Fao
2 Sloops
Britische Landung 6.11.1914
14.11.1914
16.
Delamain
18.
ind.
Barrett
Kuwait
(brit. Prot.)
Vormarsch britischer Truppen
Vormarsch osmanischer Truppen
Rückzug osmanischer Truppen
0
20
40
60
80
100 km
Persischer Golf
©ZMSBw
08588-04

Ziel dieser ersten britischen Operation in Mesopotamien war es gewesen, die Ölförderung der APOC zu schützen und in Basra einen strategisch günstigen Ausgangspunkt für das weitere Vorgehen zu gewinnen. In der Folgezeit bauten die Briten ihre Stellungen aus und schifften Menschen wie Material ein, um ihre Position zu sichern. Versuche türkischer Truppen, daran etwas zu ändern, wurden erfolgreich vereitelt. Zum britischen Erfolg trugen das Moment der Überraschung zu Beginn der Kampfhandlungen, dann das hohe Operationstempo und die überlegene Artillerie bei.

Die osmanische Armee verfügte vor Ort über zu geringe Kräfte mit nur mäßiger Ausbildung. Ganz offensichtlich hatte niemand in der osmanischen Militärführung die große Bedeutung ausgerechnet dieses Kriegsschauplatzes erkannt. Damit standen die Türken aber nicht allein; auch die deutschen Befehlshaber in türkischen Diensten hatten den Schatt al-Arab und das Zweistromland nicht auf der Rechnung gehabt. Sie sahen das Osmanische Reich in erster Linie durch die Briten in Ägypten über den Suezkanal und durch die Russen über den Kaukasus gefährdet.

Der Reiterfeldzug des Max von Scheubner-Richter

Zu Beginn des Krieges hatte man Paul Schwarz mit phantasievollen Plänen nach Anatolien gesandt und als Konsul in Erzurum getarnt. Die Berliner Strategen stellten ihm bald einen Vizekonsul zur Seite, den bayerischen Offizier Max von Scheubner-Richter. Der Kavallerist und drei seiner Kameraden, darunter ein Gynäkologe als Feldarzt, sollten die Arbeit von Schwarz fortsetzen. Um den russischen Ölnachschub zu unterbinden, schwebte ihnen ein Reiterfeldzug mit Hilfe persischer und kaukasischer Stämme vor.

Im September 1915 verließen unter der Führung des Präsidenten des jungtürkischen Komitees in Trapezunt, Omer Nadji Bey, 600 Soldaten mit zwei Gebirgsgeschützen, 30 türkische Reiter und 40 Tragtiere mit ihren Führern Erzurum in südlicher Richtung – mit dabei Scheubner-Richter und seine drei Kameraden. Nach der gescheiterten Winteroffensive war die osmanische Militärführung an Aufständen im Rücken des Gegners durchaus interessiert. Scheubner-Richter sollte über Mossul und östlich des Urmiasees nach Täbris in Nordpersien vordringen, um dort ansässige Stämme als Mitstreiter zu gewinnen und in Kontakt mit Kräften im muslimischen Ostkaukasus zu treten.

Anfangs kam die Expeditionstruppe recht problemlos voran. Über Muş erreichte man Bitlis, südwestlich des Vansees gelegen, doch ein direkter Vormarsch nach Osten über Başkale in Richtung des Urmiasees kam angesichts starker russischer Verbände nicht in Frage. So entschloss man sich, über Siirt nach Cizre zu ziehen. Dort verließ Scheubner-Richter seine Truppe, um auf einem Kellek, einem Floß aus aufgeblasenen Tierhäuten, den Tigris abwärts nach Mossul vorzustoßen, wo er am 1. November eintraf. Der von den Türken organisierte Etappendienst war mangelhaft, Verpflegung war entsprechend schwer zu bekommen. Scheubner-Richter hatte zudem das Gefühl, dass ihm absichtlich Informationen vorenthalten und seine Leute bei der Verpflegung benachteiligt wurden. Deshalb wollte er selbst Quartiere in Mossul vorbereiten und Ausrüstung für den Winter beschaffen.

Während seiner Abwesenheit kämpften Anfang November 1915 Omer Nadjis Soldaten gegen aufrührerische Araber und Armenier. Scheubner-Richter hatte jedoch erfahren, dass es sich in Wahrheit mehrheitlich um harmlose syrische Christen handelte, die aus Angst vor türkischen »Niedermetzelungen« in die Berge geflohen waren. Ein Protest der deutschen Botschaft in Konstantinopel beim türkischen Innen- und beim Kriegsminister entschärfte den Konflikt: »Die Aufständischen lieferten zum Zeichen der Unterwerfung ›6‹ Gewehre ab, erhielten die Zusage des Schutzes der Regierung gegen kurdische Räuber, und blieben, wo sie waren.« Anfang Dezember 1915 kamen auch die türkischen Teile des Expeditionsverbandes in Mossul an.

Dort gelang es Scheubner-Richter erstmals, genauere Informationen über die Lage im Ostkaukasus zu erhalten. Boten berichteten ihm von den Aufstandsvorbereitungen unter den Muslimen dort. Die Menschen würden die Vorräte der letzten Ernte vor dem russischen Zugriff sichern, es fehle jedoch an Munition. Die wirtschaftliche Situation der russischen Armee sei offenbar schwierig, da sie bereits den Schmuck der Frauen requiriere, um ihn einzuschmelzen. Aber Scheubner-Richter meldete dem Auswärtigen Amt auch militärische Erfolge der Russen in Nordpersien. Ihm selbst wiederum sei es gelungen, den Stamm der Abderi auf die deutsch-türkische Seite zu ziehen, was angesichts der

Max von Scheubner-Richter (1884–1923), ein bayerischer Offizier, sollte in Persien und im Kaukasus Verbündete gewinnen. Die Aufnahme zeigt ihn am 31. März 1915.

traditionellen Gegnerschaft zwischen Türken, Kurden, Armeniern, anderen kaukasischen Völkerschaften und Persern ein Erfolg sei.

Nach einem anderthalbmonatigen Aufenthalt in Mossul brach die Truppe Richtung Erbil auf. Über Rawanduz ging es auf Sautschbulak (Mahabad) zu, eine strategisch bedeutsame Provinzstadt südlich des Urmiasees, die sich in russischer Hand befand. General von der Goltz hatte Scheubner-Richters Verband für den Angriff dem Befehl des Gouverneurs von Mossul, Haidar Bey, unterstellt. Zum Gefecht kam es am 29. Dezember 1915. Glaubt man einer späteren Darstellung, dann eroberte die kleine Reitereinheit, die Scheubner-Richter unterstellt war, Mahabad im Alleingang, während die Hauptmasse der osmanischen Truppen noch im Heranrücken war. Bei der Einnahme der Stadt kamen von 1000 russischen Soldaten 180 ums Leben, darunter zwei Offiziere. Die Russen zogen sich über den Zarrineh-Rud, den Goldenen Fluss, zurück. Mehrfach versuchten sie die Brücke in Miandoab, 40 Kilometer westlich von Mahabad, oder die Suldusebene zwischen Mahabad und dem 30 Kilometer nördlich gelegenen Urmiasee zu erobern. Für die russischen Truppen soll das jeweils mit Verlusten verbunden gewesen sein.

Doch dem kleinen Feldzug in Nordpersien war nur ein kurzer Erfolg vergönnt. Infolge der Übermacht des Feindes, der Ernährungsschwierigkeiten und fehlender wintertauglicher Kleidung waren die türkischen Einheiten schon am 21. Januar 1916 gezwungen, Mahabad zu verlassen und die Stellung südlich des Urmiasees aufzugeben. Krank und erschöpft von den Strapazen langer Ritte und kleiner Scharmützel reisten Scheubner-Richter und seine Kameraden wieder ab.

Die Briten in Mesopotamien

Mit ihren indischen Einheiten hatten die Briten den Feldzug im Zweistromland am Schatt al-Arab im November 1914 erfolgreich begonnen und die Stadt Basra erobert. Erst allmählich dämmerte den türkischen Militärführern, wie bedeutend dieser Kriegsschauplatz war, und sie führten zusätzlich Truppen und Material nach Bagdad. Ende Januar 1915 standen dort 12 000 osmanische Soldaten, unterstützt von 19 000 arabischen Stammeskriegern. Dem britischen General Barrett hingegen wurden weitere Truppen verweigert, weil man diese in Belgien und Frankreich benötigte, zumal die Lage in Mesopotamien ruhig zu sein schien.

Da den Osmanen die britische Schwäche nicht entging, plante der örtliche Befehlshaber Suleyman Askeri Bey, den Schatt al-Arab zurückzuerobern, koste es, was es wolle. Eigentlich hatte er auf weitere Verstärkung warten sollen, doch griff er am 12. April das britische Lager beim Ort az-Zubair von Nasiriyah aus an. Zwei Tage dauerten die Gefechte, deren Ausgang lange offenblieb. Zuletzt aber behielten die Briten die Oberhand, wenngleich sie 1500 von 5300 Soldaten verloren. Die Türken zogen sich daraufhin nordwestlich des Euphrat in den Weiler al-Khamisiyah zurück; noch auf dem Weg dorthin nahm sich Askeri mit der Pistole das Leben.

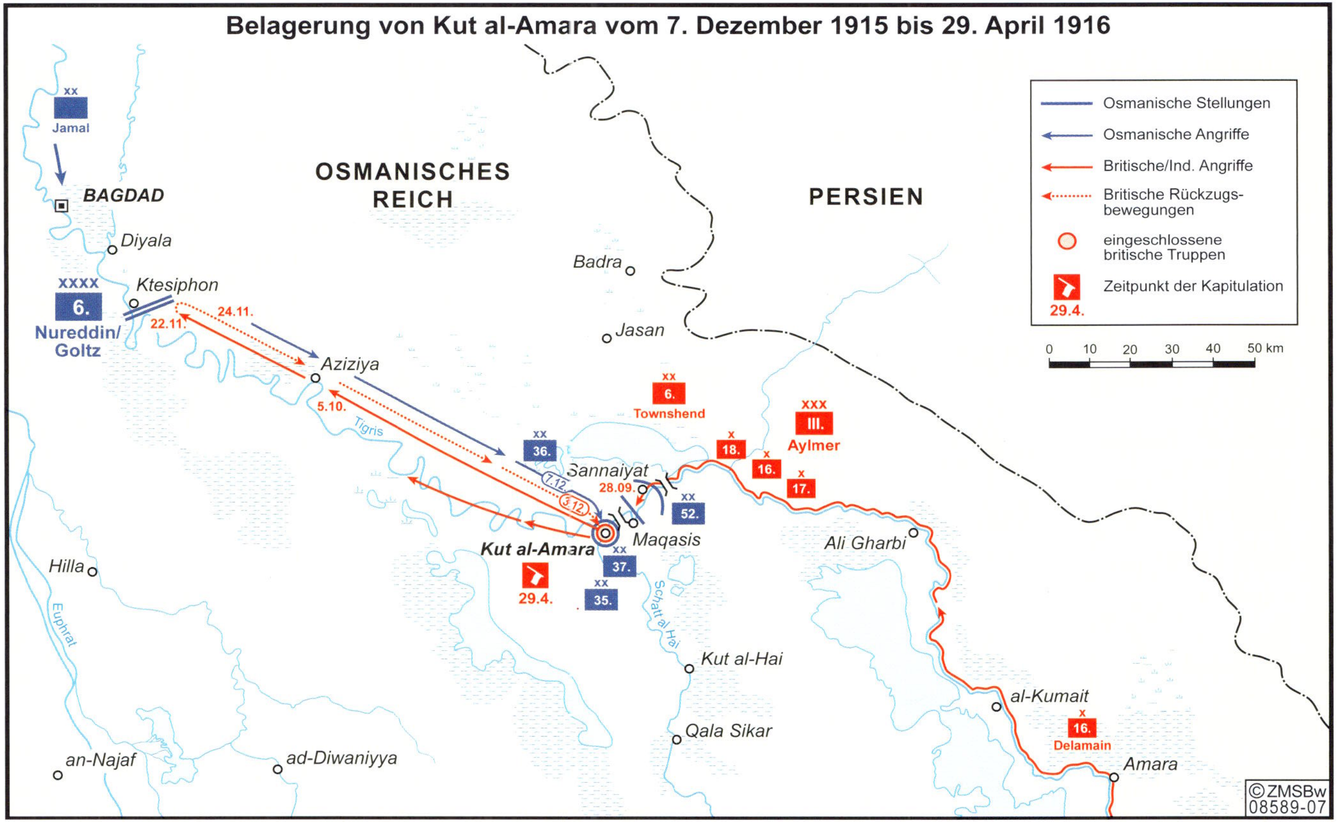
Belagerung von Kut al-Amara vom 7. Dezember 1915 bis 29. April 1916
Osmanische Stellungen
Osmanische Angriffe
Britische/Ind. Angriffe
Britische Rückzugs-
bewegungen
eingeschlossene
britische Truppen
Zeitpunkt der Kapitulation
29.4.
0 10 20 30 40 50 km
OSMANISCHES
REICH
PERSIEN
xx
Jamal
BAGDAD
Diyala
xxxx
6.
Nureddin/
Goltz
Ktesiphon
24.11.
22.11.
Aziziya
5.10.
Tigris
Badra
Jasan
xx
6.
Townshend
xxx
III.
Aylmer
x
18.
x
16.
x
17.
xx
36.
Sannaiyat
7.12.
3.12.
28.09.
xx
52.
Maqasis
Kut al-Amara
xx
37.
xx
35.
29.4.
Ali Gharbi
Hilla
Euphrat
Schatt al Hai
Kut al-Hai
Qala Sikar
al-Kumait
x
16.
Delamain
Amara
an-Najaf
ad-Diwaniyya
© ZMSBw
08589-07

Die Briten nutzten unter dem Kommando des Generals John Nixon, der Barrett als Oberbefehlshaber abgelöst hatte, den Moment des Erfolgs aus, um den Tigris aufwärts nach Qurna und Amara vorzurücken. Der Fall Bagdads schien nahe. Um die Briten davon abzuhalten, die Stadt zu erobern, reorganisierte Enver Pascha die Truppen im Irak. Eine 6. osmanische Armee wurde geschaffen und unter den Befehl des deutschen Generalfeldmarschalls Colmar von der Goltz gestellt. Weil der sich aber in Konstantinopel befand, befehligte vor Ort der Gouverneur von Basra und Bagdad, Nureddin Pascha, die Soldaten.

Ihm gelang die Abwehr der Briten in einer fünftägigen Schlacht bei Ktesiphon, 25 Kilometer vor Bagdad. General Nixon hatte die Transportschwierigkeiten unterschätzt, die dadurch entstanden, dass seine Soldaten mehr als 600 Kilometer vom Hauptquartier in Basra entfernt kämpften. Nureddin verfolgte den britischen Rückzug bis Kut al-Amara, wo er die feindlichen Truppen Anfang Dezember 1915 einschließen konnte. Der Tigris umfließt den Ort in einer engen Schleife, was den Türken eine Belagerung leicht und den Briten den Nachschub unmöglich machte.

In der Stadt Kut al-Amara befehligte Generalmajor Charles Townshend rund 15 000 Mann seiner 6. (Poona) Division. Darunter waren aber nur 7000 kampfbereite Soldaten, denen auf osmanischer Seite etwa 13 500 Mann gegenüberstanden. Nureddin schloss den Belagerungsring nördlich des Orts und jenseits des Flusses, setzte die Belagerten unter massiven Artilleriebeschuss und forderte Townshend zum Aufgeben auf. Es gelang den Briten jedoch standzuhalten, im Gegenteil fügten sie den immer wieder anrennenden Belagerern empfindliche Verluste zu. Als Goltz am 12. Dezember endlich den türkischen Befehlsstand erreichte, waren bereits 1600 Soldaten gefallen. Nureddin missachtete Goltz' Befehl, auf Sturmangriffe zu verzichten, was am 24. Dezember noch einmal 1000 seiner Soldaten das Leben kostete. Erst jetzt konnte Goltz durchsetzen, dass die Taktik geändert wurde. Er ließ Belagerungswerke anlegen und flussabwärts Bollwerke schaffen, um einen Angriff von Basra aus abzuwehren.

Dort sah General Nixon in der Belagerung vor allem eine Möglichkeit, osmanische Kräfte zu binden, bis der von ihm erbetene Nachschub eingetroffen wäre. Townshend erhielt den entsprechenden Befehl, nicht auszubrechen, sondern auf Entsatz zu warten. Dieser war unter dem Kommando von Generalleutnant Fenton Aylmer bereits unterwegs. Zwei Marschgruppen von zusammen 19 000 Soldaten rückten beiderseits des Tigris vor. Am 6. Januar 1916 trafen sie östlich der Ortschaft Shayk Sa'd (türk. Sağ Sahil) auf die verstärkte 35. osmanische Division. Die Schlacht dauerte vier Tage: Zwar waren die Briten rechts des Flusses erfolgreich, doch hielten die Türken am anderen Ufer lange stand. Trotz eilends herangeführter zusätzlicher Kräfte zogen sich die Osmanen am 9. Januar zurück. Extremer Regen beendete schließlich die Kämpfe.

Goltz fürchtete, dass der durch die Regenfälle angestiegene Tigris für die britischen Schiffe passierbar werden würde, was die Belagerung von Kut al-Amara vermutlich beendet hätte. Etwa zehn Kilometer stromabwärts erwarteten daher die 35. und die 52. osmanische Division die britischen Angreifer bei der Mündung eines Nebenflusses, dem Wadi Kelal. Vorsorglich hatten sie die Ebene vom Buschwerk befreit und Visierhilfen in den Boden gerammt. Der Angriff der 28. britischen Infanteriebrigade am 13. Januar endete in einem Fiasko, sie verlor mehr als 1600 Mann.

Goltz erkannte jedoch, dass ihm Aylmers Einheiten trotz aller Verluste zahlenmäßig überlegen waren und ihn im Norden zu umfassen drohten. Jetzt gelang es ihm endlich, den renitenten Nureddin durch Oberst Halil Pascha, einen Onkel des Kriegsministers, zu ersetzen. Sie zogen die osmanischen Truppen noch weiter nach Kut al-Amara zurück. Weniger als drei Kilometer vor der Stadt kam es bei einer Sanddüne zu neuen Gefechten. Zwar waren die Briten der belagerten Stadt recht nahe gekommen, aber sie verloren noch einmal 2700 Mann. Aylmer hatte sein Vorankommen nach Kut al-Amara mit sehr hohen Verlusten erkauft, doch noch immer dachte er, seine Überlegenheit ausspielen zu können. Am 8. März griff er deshalb erneut an und verlor wieder 4000 Mann.

In den folgenden Wochen reorganisierten beide Seiten ihre Truppen. John Nixon wurde durch General Percy Lake, Fenton Aylmer durch General George Gorringe ersetzt. Während weitere britische und indische Soldaten von Basra aus nur langsam herangebracht werden konnten, verstärkten sich die Osmanen um mehr als 20 000 Mann, die im Westen durch die britische Niederlage an den Dardanellen frei geworden waren. Als am 5. März 1916 die erste Schlacht von Kut al-Amara begann,

Nach der Niederlage in Kut al-Amara gingen mehr als 13 000 Soldaten in osmanische Kriegsgefangenschaft, auch General Charles Townshend (1861–1924, Bildmitte).

konnten Gorringes Einheiten in mehreren Angriffswellen immer näher an die belagerte Stadt heranrücken, ohne sie aber zu erreichen. Gleichzeitig flog ein britisches Luftgeschwader den ersten Versorgungseinsatz für eine belagerte Stadt in der Kriegsgeschichte. Auch diesmal waren die Verluste wieder hoch, und der Entsatz von Kut al-Amara wurde letztlich erfolglos abgebrochen. Townshend kapitulierte mit seinen eingeschlossenen Soldaten am 29. April 1916 nach 147 Tagen Belagerung. Es war eine der schwersten Niederlagen der britischen Armee im Ersten Weltkrieg.

Auf alliierter Seite waren seit den ersten Auseinandersetzungen im Dezember rund 23 000 Mann verwundet worden oder gefallen, sechs Generale und mehr als 13 000 zumeist indische Soldaten wurden gefangen genommen. Die osmanische Armee verlor außer 10 000 Soldaten auch ihren deutschen Befehlshaber: Von der Goltz starb am 19. April an einer Typhusinfektion.

Die unrühmliche britische Kapitulation am Tigris folgte derjenigen an den Meerengen mit einem zeitlichen Abstand von weniger als einem halben Jahr. Das Jahr 1915 hatte für die Briten im Osten nicht gut geendet, das Jahr 1916 schlecht begonnen, jedoch sollte sich das Blatt bald wenden.

Britische Siege

Die Belagerung von Kut al-Amara hatte im Frühjahr 1916 mit einer äußerst peinlichen Niederlage für die britische Armee geendet. In der Folge stellten sich die Briten im Irak völlig neu auf. Die Generale Lake und Gorringe mussten gehen; Oberbefehlshaber aller britischen Truppen in Mesopotamien war nun General Frederick Stanley Maude. Aus Indien trafen frische Einheiten in Basra ein, wo sie den Sommer und Herbst über ausgebildet wurden. Zivile Arbeitskräfte aus China bauten mehrere Feldbahnen, um den Nachschub zu erleichtern. Demselben Zweck dienten auch zahlreiche bewaffnete Flussboote. Moderne Geschütze verstärkten die Artillerie.

Im Dezember 1916 begann Maude mit gut 50 000 Mann den Feldzug nach Bagdad. Ihm standen nicht einmal halb so viele osmanische Solda-

Stanley Maude (1864–1917) löste 1916 seine glücklosen Vorgänger als Oberbefehlshaber der britischen Truppen in Mesopotamien ab.

ten gegenüber, die seit dem Tod des Freiherrn von der Goltz von Halil Pascha kommandiert wurden. Weil dieser seine Vorgesetzten in Konstantinopel systematisch über die tatsächliche Lage belog, erhielt er nach den Erfolgen des Frühjahres kaum Nachschub. Mit geringen Kräften musste er nun zunächst das symbolträchtige Kut al-Amara und dann Bagdad verteidigen.

Maude ließ seine Männer am 14. Dezember 1916 vorsichtig beidseits des Tigris vorrücken. Bei al-Hay am Schatt al-Gharraf, einem alten Kanal, der Kut al-Amara mit dem Euphrat bei Nasiriyah im Süden verbindet, trafen die feindlichen Verbände erstmals aufeinander. Auf allzu große Gegenwehr stießen die britischen Truppen nicht. Dem örtlichen türkischen Befehlshaber Kazim Karabekir Bey fehlten zu einer erfolgreichen Verteidigung schlicht die Mittel. Verzweifelte Bitten, Halil Pascha möge Nachschub schicken, blieben ungehört, sodass Kazim die Positionen nach und nach räumte. Nach kurzer Schlacht fiel am 24. Februar 1917 auch Kut al-Amara an die Briten. Immerhin konnte Kazim verhindern, dass seine restlichen 2500 Soldaten dort eingeschlossen wurden, wie es im Vorjahr Townshend passiert war. Unterstützt von einer Flottille auf dem Tigris verfolgte Maude den zurückweichenden Gegner, gab dies jedoch nach drei Tagen auf, um sich bei Aziziyah, auf halbem Wege zwischen Kut al-Amara und Bagdad, neu zu organisieren. Weitere drei Tage ließ Maude Material und Vorräte nachschieben, dann setzte er den Vormarsch auf die Provinzhauptstadt fort.

Am heutigen südlichen Stadtrand von Bagdad mündet das Flüsschen Diyala in den Tigris. An dieser Stelle, damals noch mehr als 30 Kilometer außerhalb der Stadt, wollte Halil Pascha Bagdad verteidigen. Kazim Karabekir Bey ging davon aus, dass Maude weiterhin am rechten Tigrisufer voranrücken würde, weshalb er den Hauptteil seiner Truppen dort zusammenzog. Tatsächlich entwickelten sich heftige Kampfhandlungen. Die eigentliche Mündung des Diyala aber liegt auf der linken Seite, wo nur ein einziges osmanisches Regiment den Übergang sicherte.

In der Nacht zum 9. März gelang es den Briten mit nur 100 Mann, einen Brückenkopf auf der nördlichen, stadtwärts gelegenen Seite des Diyala zu errichten. Vergeblich berannten die osmanischen Verteidiger fünfmal diesen Brückenkopf. Durch die Erfolge des Gegners verunsichert, befahlen Halil und Kazim am Abend des 10. März den unverzüglichen Rückzug. Die Verteidigung Bagdads dauerte nur eine Nacht und einen Tag, sie endete in der völligen Aufgabe und dem vollständigen Rückzug der osmanischen Truppen.

Die 6. osmanische Armee zählte kaum mehr als 10 000 Mann, die Zahl ihrer Geschütze war auf 50 bis 100 gesunken. Maude hingegen standen für weitere Operationen nach Norden bis Mossul, nach Nordwesten ins türkische Kernland oder nach Westen bis Damaskus immer noch weit über 40 000 Soldaten und 174 Kanonen zur Verfügung. Mit entsprechenden Proklamationen versuchte die Regierung in London nun auch nordarabische Stämme für sich zu gewinnen, die bislang loyal zum Sultan gestanden hatten. Der Fall Bagdads tilgte zwar nicht die Schmach von Kut al-Amara, brachte die Briten im Zweistromland aber endlich auf die Siegerstraße.

↗ Nachschub für die Kaukasusfront gegen Russland: Mit Ochsengespannen bringen türkische Soldaten Proviant durch das verschneite Gebirge (1. Februar 1915).

7 Die Front im Kaukasus

Die türkische Winteroffensive 1914/15

Im Russisch-Türkischen Krieg 1877/1878 hatte das Osmanische Reich große Teile Ostanatoliens verloren. Sein wichtigstes Ziel war, diese Scharte in einem neuen Waffengang auszuwetzen und die Russen hinter den Kaukasus zurückzudrängen. Aber Enver Paschas Pläne reichten viel weiter, er sah seine Truppen, unterstützt durch Aufstände kaukasischer Muslime, schon auf dem Marsch nach Tiflis. Gemeinsam mit seinen deutschen Verbündeten wollte er die Russen von ihren Ölquellen am Kaspischen Meer abschneiden. Auch Paul Schwarz hatte dort seine Sprengungen vornehmen wollen. Ebenso umfassend waren die Ziele des Zarenreichs. Außenminister Sergei Sasonow beanspruchte zwar nicht das anatolische Kernland, aber doch beide Seiten von Bosporus und Dardanellen sowie den kleinen Rest, der dem Osmanenreich auf dem europäischen Kontinent noch verblieben war.

Russische Truppen eröffneten die Kämpfe am 1. November 1914 noch vor der offiziellen Kriegserklärung. 25 Infanteriebataillone und 37 Kavallerieschwadronen mit 120 Artilleriegeschützen rückten auf Pasinler und Köprüköy vor, Letzteres fiel am 4. November in russische Hände. Enver Pascha setzte sich gegen seine örtlichen Befehlshaber durch, die auf einen günstigeren Moment zum Zurückschlagen warten wollten, und begann sogleich mit einer Gegenoffensive. Vor Ort lag die 3. osmanische Armee mit ca. 150 000 Soldaten unter dem Befehl des Generals Hasan İzzet Pascha. Chef seines Generalstabs war der deutsche Oberst Felix Guse. Der gegnerische General Nikolai Judenitsch verfügte nur über ca. 60 000 Mann, weil er nach der verlorenen Schlacht bei Tannenberg zahlreiche Truppen nach Ostpreußen hatte verlegen müssen.

Am 7. November begannen die Türken ihre erste Offensive. Doch es gelang dem XI. Korps nicht, die Russen zurückzuschlagen, vielmehr konnten diese noch zusätzliches Gelände gewinnen. Lediglich das Umland von Köprüköy wurde gehalten, der Ort selbst nach viertägigem Kampf am 20. November zurückerobert. Freilich nahm Guse es später mit der Wahrheit nicht so genau, sondern notierte: »Der Feldzug war mit einem Sieg eröffnet [worden], und die Türken, die angeblich nicht anzugreifen verstanden, hatten eine starke Stellung erstürmt.« Aber 9000 Mann hatten ihr Leben verloren, 3000 kamen in Gefangenschaft, weitere 2800 desertierten. Am Ende des ersten Kriegsmonats standen russische Truppen tief auf osmanischem Gebiet entlang einer Linie von Erzurum nach Sarıkamış.

Am 22. Dezember überraschten die osmanischen Truppen ihren Gegner mit einer weiteren Offensive, dieses Mal auf Sarıkamış. Doch die Annahme, die Russen würden zurückweichen, erwies sich als allzu optimistisch. Die Schlacht wurde zu einem Fiasko für die Osmanen.

Geplant war, dass das XI. Korps mit der 2. Kavalleriedivision die russischen Truppen vom eigentlichen Schwerpunkt ablenken sollte. Die Hauptmacht aus IX. und X. Korps sollte hingegen die rechte russische Flanke umgehen. Ziel war es, den Gegner im Flusstal des Araş zu stellen. Zunächst verlief alles nach Plan. Die befohlenen Ziele wurden erreicht: Nach geringer Gegenwehr zogen die türkischen Truppen in Id (heute Narman), Oltu und Bardız (heute Şenkaya) ein. Dann aber verschlechterte sich die Lage: Die Kommunikation riss immer öfter ab, Schneestürme zogen übers Gebirge, der Nachschub blieb aus und die Kampfkraft ließ nach.

Dennoch konnten sich Teile des IX. Korps am 25. Dezember Sarıkamış bis auf wenige Kilometer nähern. Da die russische Führung wusste,

Osmanische Winteroffensive 1914/15

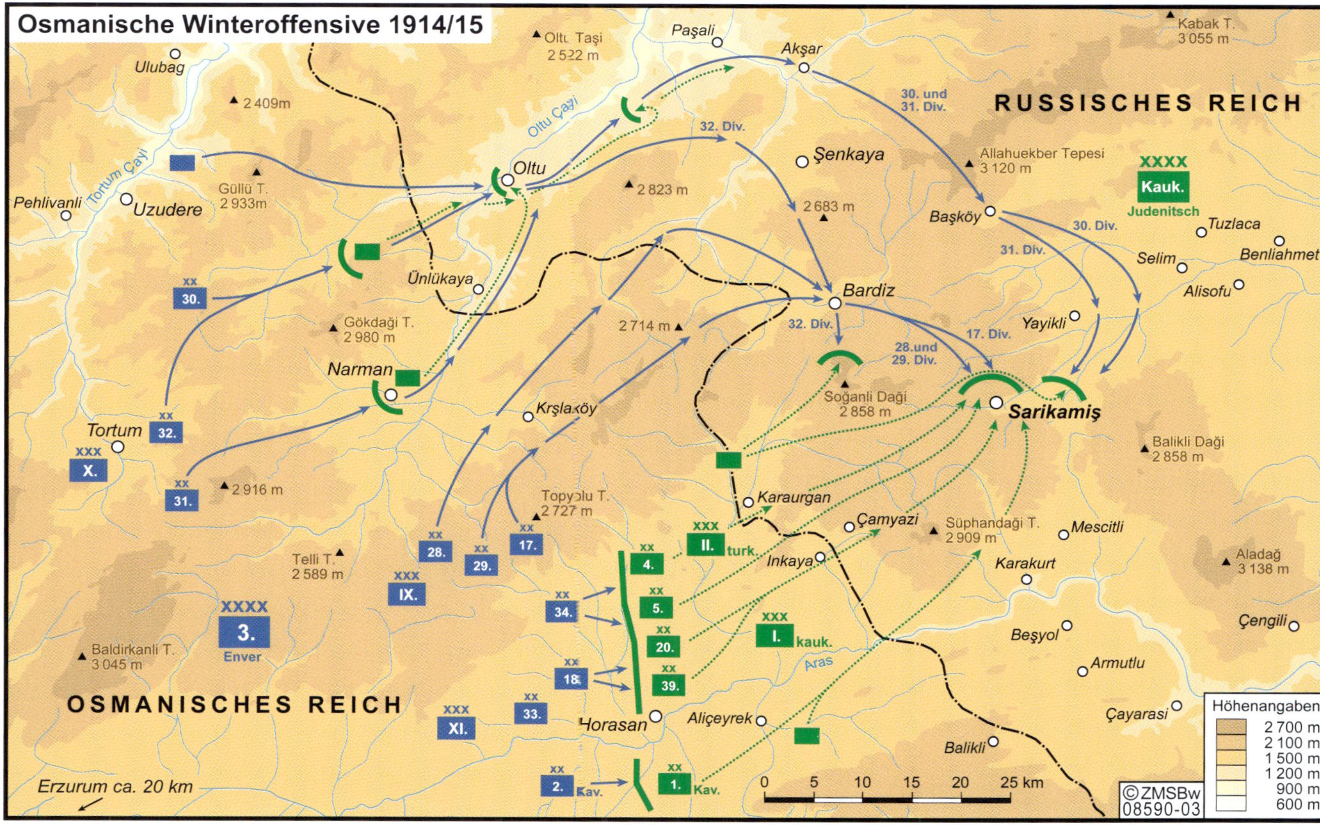

dass sich mit dem X. ein weiteres Korps über das Allahuekber-Gebirge näherte und auch das XI. Korps bald in die Kämpfe eingreifen würde, wollte sie die Stadt ursprünglich räumen. Die Verstärkung der Türken durch das X. Korps wurde aber durch die Schneemassen im Gebirge aufgehalten. Dass die Türken mit ihrem Angriff warten mussten, gab den Russen die Gelegenheit, Verstärkung über zwei Chausseen entlang des Flüsschens Kars kommen zu lassen.

Durch Überanstrengung und Kälte – nach russischen Angaben herrschten minus 31°C – starben beim Übergang des Gebirges 10 000 Soldaten des türkischen X. Korps. Trotzdem befahl Enver Pascha den Angriff auf die russischen Stellungen. Den dezimierten und demoralisierten türkischen Truppenresten standen 60 000 russische Soldaten gegenüber. Der Kriegsminister versuchte, seine Leute dennoch zu motivieren: »Allah allein weiß, wann ihr sterben werdet. Wenn ihr bei jedem Kanonenschuss zu sterben fürchtet, so sterbt ihr vor Angst heute tausendmal. Aber ihr könnt nur einmal sterben. Wartet also ruhig darauf, bis Allah es will.« Es half nichts, der Kampf schleppte sich einige Tage ohne Entscheidung hin, während die Russen Verstärkungen heranführten. Am 4. Januar 1915 gingen sie zur Gegenoffensive über. Zwei Tage später stand das osmanische Hauptquartier unter Beschuss.

Die verbliebenen türkischen Truppen traten den Rückzug an. Nur etwa 30 000 der ursprünglich um die 150 000 Mann kamen aus der Winteroffensive nach Erzurum zurück. Auch wenn 12 000 Deserteure wieder zurückgeholt werden konnten, waren die Verluste verheerend. Enver Pascha trat von seinem Kommando zurück. Nach Konstantinopel zurückgekehrt, gab er die Schuld an der Niederlage den Armeniern der Region, die auf russischer Seite gekämpft hatten.

Die Kaukasusfront kam für den Augenblick zum Stillstand. Die 3. Armee wurde verstärkt, blieb aber insgesamt zu schwach für offensive Aktionen, ja selbst ein Halten der Front fiel ihr zusehends schwer.

Der osmanische Innenminister Talât Pascha (1874–1921) war einer der Hauptverantwortlichen für den Völkermord an den Armeniern.

Völkermord an den Armeniern

Seit dem Rückzug der Türken hatte es an der kaukasischen Front nur kleinere Gefechte gegeben. Im April 1915 setzten die Kämpfe mit neuer Härte ein. Sie entzündeten sich an einem Aufstand der in Van lebenden Armenier.

Für die Kämpfe des Winters hatten die Russen ihre Streitkräfte an dem südlich gelegenen Grenzabschnitt bei Urmia reduzieren müssen. Um den Truppenabzug auszugleichen, hatten sie Freiwillige unter der lokalen iranischen, assyrischen und auch armenischen Bevölkerung ausgehoben. Als dann türkische Truppen auf diese christlichen Einheiten stießen, kam es zu ersten Ausschreitungen. Augenzeugen berichteten, dass Männer ermordet, Mädchen und Frauen vergewaltigt und verschleppt worden seien. Da die Armenier der Region sich noch gut an frühere Verfolgungen erinnerten, entschlossen sie sich zum präventiven Widerstand gegen die erwarteten türkischen Übergriffe.

In Van verteidigten nur 1500 unzureichend bewaffnete Kämpfer die 45 000 Einwohner und Flüchtlinge in der Stadt gegen die Türken, die sie ab dem 20. April belagerten. Erst am 19. Mai erreichten russische Soldaten die Stadt, und die Einheiten des osmanischen Provinzgouverneurs flohen. General Judenitsch zog am 21. Mai 1915 in Van ein. Militärisch war die Eroberung Vans ein Nebenschauplatz, sie verlängerte jedoch die bisher im Norden verlaufende Kampfzone bis weit in den Süden des Vansees. Die neuerliche Beteiligung armenischer Freiwilliger, der Aufstand in Van und der russische Beistand für die Armenier ließen die besiegten Türken einen Zusammenhang konstruieren, der so nicht bestand. Sie machten die Armenier zum Sündenbock eigener militärischer Unzulänglichkeit, und das sollte verheerende Folgen haben – die Armenier nennen den Genozid an ihrem Volk heute Aghet, ›Katastrophe‹.

In einem Erlass vom 24. April 1915 verbot Innenminister Talât Pascha alle politischen Organisationen der Armenier und befahl, die darin Tätigen zu verhaften. Talât warf den Armeniern vor, mit den Feinden des

Weit mehr als eine Million Armenier wurden Opfer des Genozids durch Massaker und Hungermärsche.

Reichs gemeinsame Sache zu machen und durch Aufstände wie den in Van den türkischen Truppen in den Rücken zu fallen. Noch am selben Abend wurden in Konstantinopel die ersten armenischen Politiker, Priester, Ärzte, Rechtsanwälte, Journalisten und Lehrer gefangen genommen. Die meisten von ihnen dürften alsbald ermordet worden sein. Am 27. Mai ordnete Talât dann die Deportation aller Armenier der südöstlichen Provinzen in die Wüsten Syriens und Mesopotamiens an.

Der Genozid an den Armeniern forderte weit mehr als eine, vielleicht sogar anderthalb Millionen Opfer, dabei zählte die armenische Bevölkerung auf osmanischem Gebiet kaum mehr als zwei Millionen Menschen. Der Massenmord begann mit den städtischen Intellektuel-

len und erstreckte sich sehr rasch auch auf die armenische Landbevölkerung im Osten der Türkei, er vollzog sich sowohl in spontanen Massakern als auch in organisierten Hungermärschen. Die tödlichen Maßnahmen trafen auch andere christliche, griechische sowie syrische Gruppen. Die Motive für das türkische Vorgehen müssen im übersteigerten Nationalismus gesehen werden, mit dem sich die Jungtürken einen türkischen Kernbereich des osmanischen Vielvölkerstaats in relativer ethnischer Homogenität zu gestalten suchten.

Der Wunsch nach Autonomie war bei den Armeniern zwar durchaus vorhanden, aber nur eine Minderheit strebte danach, sich aktiv vom Osmanischen Reich zu lösen. Paul Schwarz berichtete schon im Dezember 1914, dass die Armenier sich vor Massakern und ersten Ausschreitungen von türkischer Seite fürchteten. Entgegen den Erwartungen in Konstantinopel, Wien und Berlin kam es aber nicht zu einem gesamtarmenischen Aufstand. Der Widerstand in Van im Frühjahr 1915 war und blieb eine Ausnahme. Da der armenische Bevölkerungsteil räumlich isoliert lebte, durch Kultur und Religion als Minderheit gekennzeichnet und dem ökonomischen Neid der Mehrheit ausgesetzt war, konzentrierte sich die Gewalt der Türken auf ihn, zumal sich die christlich geprägten Großmächte wegen des Krieges nicht für ihn einsetzten.

Weil die Türkei im Ersten Weltkrieg an der Seite der Deutschen kämpfte, waren die ausländischen Zeugen des Mordens hauptsächlich Deutsche: Soldaten und Diplomaten, Missionare und Krankenschwestern des Roten Kreuzes, Beamte und Ingenieure der Bagdadbahn. Viele versuchten, ihre Vorgesetzten in Deutschland und die Öffentlichkeit zu alarmieren. Heute sind ihre Berichte die wichtigsten Quellen zu den Vertreibungen und Morden. Insgesamt dürften schon während des Krieges im Deutschen Reich jene Wortmeldungen in der Mehrheit gewesen sein, die die Türken für ihre Taten anklagten. Paul Schwarz und Max von Scheubner-Richter etwa empörten sich über das, was vor ihren Augen geschah. Aus der Sicht von Scheubner-Richter waren die Maßnahmen gegen die Armenier durch türkischen »Rassenhass« motiviert.

Aber auch die gegenteilige Haltung war unter den Deutschen verbreitet. Zitate belegen, was einige deutsche Offiziere über die Armenier dachten. Manche Äußerung ist von einer rassistischen Wut geprägt, wie man sie aus der späteren Zeit des Nationalsozialismus kennt. Der Marineattaché Hans Humann beispielsweise war eng mit Kriegsminister Enver Pascha befreundet und meinte: »Armenier und Türken können in diesem Lande nicht zusammenleben. Eine der Rassen muss gehen. Ich tadele die Türken nicht für das, was sie mit den Armeniern machen. Ich halte das für völlig gerechtfertigt. Die schwächere Nation muss verschwinden.« Dass die Armenier »mehr oder weniger ausgerottet« würden, schien ihm »hart, aber nützlich«. Bronsart von Schellendorf nannte die Armenier »Blutsauger am türkischen Volkskörper«, die schlimmer seien als die Juden. Admiral Souchon fand, »für die Türkei würde es eine Erlösung sein, wenn sie den letzten Armenier umgebracht hat«. Major Eberhard von Wolfskeel, der sich selbst an Massakern in Urfa und anderswo beteiligte, beschrieb noch die toten Armenier als »Halbwilde mit fanatischen schwarzbärtigen verzerrten Gesichtern«. Felix Guse urteilte bald nach dem Krieg, dass »die Leiden der Armenier schwer, aber nicht unverschuldet« seien. General Kreß von Kressenstein hingegen nannte das türkische Vorgehen 1943 rückblickend grausam, unmenschlich und töricht: »Es war für uns tief beschämend, dass wir durch die Kriegslage gezwungen waren, mit solchen Bestien wie den Türken zusammen zu arbeiten und ihnen gegenüber nicht so auftreten konnten, wie es die Menschlichkeit gefordert hätte.«

Die meisten Offiziere wollten sich die Angelegenheit wohl lediglich vom Hals halten. Sie betrachteten mit Abscheu die Vorgänge, erkannten das Verbrecherische, an dem sie sich lieber nicht beteiligen mochten, und legten sich auf ein Gebot der Nichteinmischung fest. Das Thema aber war »Tischgespräch« unter ihnen, wie Major Otto Welsch in seinem Tagebuch festhielt: »Niemand kann der Türkei das Recht absprechen, ihre inneren Angelegenheiten nach eigenem Gutdünken zu regeln. Sie können mit aller nötigen Strenge gegen Aufruhr vorgehen und Hunderttausende Schuldige hinrichten lassen. Aber dieses systematische Ausrotten des ganzen Volkes, Totschlagen und Tottreiben von Wehrlosen, Frauen und Kindern, das empört einen Menschen unseres Jahrhunderts im Innersten. Vonberg sagte, bis jetzt habe er mit Freude für die türkische Armee gearbeitet, aber jetzt könne er es nicht mehr. Nun nur mehr aus Pflichtgefühl für Deutschland.«

Am Bau der Bagdadbahn beteiligten sich noch während des Krieges zahlreiche deutsche Ingenieure und Facharbeiter, Beamte und Militärpersonal. Sie wurden Zeugen und in einem bekanntgewordenen Fall Mittäter der Verbrechen, denn die Türken nutzten für die Deportationen auch die Eisenbahn. »Manche dieser Wagen«, so beschreibt es Armin T. Wegner, der als Sanitätsoffizier in der Türkei eingesetzt war, »wurden von außen verschlossen und ohne Rücksicht auf ihren Inhalt tagelang hin und her rangiert, dass, wenn man sie endlich öffnete, ein Teil von ihnen erstickt oder verhungert war.« Ein wesentlicher Teil der Belegschaft der Bagdadbahn waren Armenier gewesen, später wurden beim Bau auch armenische Zwangsarbeiter beschäftigt. Deren Deportation veranlasste am 17. Oktober 1915 der im türkischen Generalstab für das militärische Eisenbahnwesen zuständige deutsche Offizier, Oberstleutnant Sylvester Böttrich. Der stellvertretende Generaldirektor der Anatolischen Eisenbahngesellschaft Franz Günther, der noch versucht hatte, seine armenischen Arbeiter zu schützen, fasste seine Verzweiflung in den Satz: »Wie es einmal vor der Geschichte zu rechtfertigen sein wird, dass dies alles unter unseren Augen geschieht, ohne dass wir uns rühren, weiß ich nicht.«

Einige Historiker wollen aus den Äußerungen deutscher Offiziere und einzelnen Verbrechen eine deutsche Schuld am Genozid der Armenier herauslesen. Doch scheint diese Argumentation von derselben besonderen Art westlicher Überheblichkeit geprägt zu sein wie schon die Behauptung, der deutsche Einfluss habe die Ausrufung des Heiligen Kriegs im November des Vorjahres mitbewirkt. Sie unterstellt, dass die türkische Regierung sich zu ihren Verbrechen nicht alleine habe entschließen können, vielmehr habe sie Druck von außen gebraucht und sich in dieser Frage von den Einflüsterungen deutscher Militärs, die sie ansonsten keinen unbeobachteten Schritt tun ließ, abhängig gemacht.

Der Völkermord an den Armeniern ist nicht in Deutschland erfunden worden. Die Historiker sind sich heute weitgehend einig, dass er ein ausschließlich jungtürkisches und innenpolitisches Projekt war. Die türkischen Politiker waren Machtpragmatiker, die sich in ihre Absichten nicht von außen hineinregieren ließen. Bei der Formulierung ihrer Ziele und der Umsetzung ihrer verbrecherischen Politik fragten sie niemanden um Erlaubnis.

In Berlin ließ man sich von der türkischen Furcht vor einem drohenden, den bisherigen militärischen Erfolg gefährdenden gesamtarmenischen Aufstand anstecken. Da das Kaiserreich die Argumentation, dass die Existenz des Osmanischen Reichs bedroht sei, akzeptierte, erschien ihm auch das Vorgehen der Türken konsequent. Die schlimmsten Gräuel wurden zwar von der Reichsregierung abgelehnt, aber ein Bruch mit den Türken sollte vermieden werden. Wegen deren wirtschaftlicher Abhängigkeit wäre es zwar durchaus möglich gewesen, Druck auf die Osmanen auszuüben, doch man nahm Rücksicht auf die deutschen Kriegs-

Die Ermordung Talâts und der Beginn des Völkerrechts

Der Aufstieg des 1874 geborenen Mehmed Talât endete im November 1918 mit seiner Flucht aus Konstantinopel. Der Hauptverantwortliche für den Völkermord an den Armeniern lebte nach dem Krieg in Berlin, wo ihn am 15. März 1921 der armenische Student Soghomon Tehlirjan erschoss. Der anschließende Mordprozess schrieb Rechtsgeschichte.

In Istanbul waren Talât und andere osmanische Politiker in Abwesenheit zum Tode verurteilt worden. Mit dem Mord in Berlin schien ihn nur sein verdientes Schicksal erreicht zu haben: »Sein Tod ist die Sühne seiner Taten«, schrieb eine liberale türkische Zeitung. In Deutschland war die öffentliche Meinung geteilt zwischen proarmenischen liberalen und linken Blättern und der politischen Rechten, die das türkische Vorgehen während des Krieges rechtfertigte. Schon damals stand die Frage nach einer deutschen Mitschuld im Raum. Diplomatisch bedeuteten das Attentat und der Sensationsprozess vor dem Landgericht Berlin-Moabit eine schwierige Gratwanderung. Jetzt musste zwangsläufig die deutsche Haltung zum Völkermord an den Armeniern zur Sprache kommen.

Der Rechtsfall wurde nur zwei Tage verhandelt und endete mit einem Freispruch. Den Verteidigern war es gelungen, die Verhandlung vom eigentlichen Mord auf die Massaker an den Armeniern zu lenken, das Opfer zum Täter und das Verfahren zu einem Völkerrechtstribunal zu machen.

Für zwei junge Juristen wurde dieser Prozess richtungsweisend. Im Gerichtssaal saß Robert Kempner, den nach dem Zweiten Weltkrieg ein anderer Menschenrechtsprozess berühmt machen sollte. Bei der Aburteilung der NS-Kriegsverbrecher in Nürnberg war Kempner stellvertretender amerikanischer Chefankläger. Intensiv verfolgte auch der junge polnische Jurist Raphael Lemkin die Berliner Mordsache. Später entwarf er die von der UNO-Generalversammlung 1948 einstimmig verabschiedete *Konvention zur Verhütung und Bestrafung des Genozids*, ein Begriff, den Lemkin geprägt und definiert hat.

interessen. Da der deutschen Presse jede Berichterstattung über Armenien verboten war, kam sämtliche Kritik am türkischen Vorgehen nur aus der deutschen Botschaft in Konstantinopel, nicht direkt aus Berlin.

Das Deutsche Reich wollte stummer Zeuge des Todes in der Wüste bleiben. Mindestens ist vielen dieser Zeugen wohl unterlassene Hilfeleistung vorzuwerfen. Die Deutschen scheuten aus bündnispolitischen und militärischen Erwägungen vor jedem Einschreiten zugunsten der Opfer oder vor Kritik an ihrem türkischen Alliierten zurück. Zumindest daran wird man heute eine deutsche Mitverantwortung festmachen müssen.

Russisches Vordringen über den Kaukasus

Die Winteroffensive im Kaukasus 1914/1915 hatte kaum drei Wochen gedauert, aber der osmanischen Armee bedeutende Verluste zugefügt. Mit den Soldaten flohen auch viele Zivilisten aus ihren zerstörten Dörfern nach Westen. Während die Türken im verschneiten Gebirge feststeckten, gelang es den Russen, ihren Nachschub an Menschen und Material durch die Täler zu organisieren.

Im Norden rückten russische Truppen seit dem 6. Mai 1916 durch das Flusstal des Tortum Çayı auf Erzurum vor. Zwar gelang es den dort verbliebenen osmanischen Divisionen, den Angriff abzuwehren, sie gingen sogar zum Gegenangriff über. Aber die Verlängerung der Front in den Süden bereitete ihnen arge Schwierigkeiten. Bevor Van eingenommen wurde, fiel am 11. Mai schon Malazgirt an die Russen. Die gesamte Front erstreckte sich jetzt über mehr als 600 Kilometer. Generalstabsoffizier Felix Guse gab die Zahl der türkischen Soldaten für Mai mit 34 000, für Juli dann mit 65 000–70 000 an. Ihnen standen vielleicht 130 Geschütze zur Verfügung. Zudem drohte stets der Befehl, Soldaten an die auf Gallipoli kämpfenden Truppen abgeben zu müssen, und es bestand die Gefahr, den Nachschub an die aufständischen Armenier zu verlieren. So war ein Gebiet vom Schwarzen Meer bis südlich des Vansees eigentlich nicht zu verteidigen.

In der Gegend um Malazgirt begannen die Russen am 19. Juni mit einer neuen Offensive, nachdem sie am Tortum Çayı nicht vorangekommen waren. Doch auch dort gelang ihnen kein entscheidender Erfolg. Nach der verlorenen Schlacht zog die russische Armee nach Südwesten, wo sie bei Muş auf das reorganisierte osmanische IX. Korps, die 17. und die 28. Division sowie weitere Einheiten stieß. Erst das Jahr 1916 sollte die Wende bringen.

Während die türkische Führung die östliche Front zugunsten der im Herbst 1915 andauernden Kämpfe in Gallipoli schwächte und zudem Expeditionstruppen unter General Abdülkarim Pascha nach Mesopotamien verlegte, führte General Judenitsch zusätzliche Kräfte nach. Im Januar 1916 verfügte er über annähernd 190 000 Soldaten mit 350 Kanonen. In den Plänen des türkischen Generalstabs waren ihnen die eigenen Truppen mindestens ebenbürtig. Doch kaum 40 Prozent der Soldaten waren kampferfahren oder überhaupt hinreichend ausgebildet. Gewehre gab es nicht für jeden Mann, viele Soldaten waren obendrein unterernährt und entkräftet. Man erwartete auch gar keine feindliche Offensive mitten im anatolischen Winter, aber Judenitsch nutzte genau diese Situation zu einem überraschenden Marsch nach Erzurum. Im Handstreich konnte er Köprüköy, 50 Kilometer östlich von Erzurum, erobern. Von Norden stießen die Russen den Tortum Çayı flussaufwärts vor und brachen bei Karagöbek, nur noch 30 Kilometer von Erzurum entfernt, durch. Die Provinzhauptstadt wurde am 16. Februar von der sie verteidigenden 3. Armee preisgegeben. Ihr Kommandant wurde durch Vehip Pascha ersetzt, der sich in den Kämpfen an den Dardanellen ausgezeichnet hatte.

Als Nächstes wandte sich ein Teil der russischen Armee nach Nordwesten zur Schwarzmeerküste, um Trabzon in ihre Gewalt zu bringen. Weil ein Teil des türkischen Nachschubs über diesen wichtigen Hafen abgewickelt wurde, beschossen ihn russische Kriegsschiffe schon seit Januar. Im April konnte die Stadt eingenommen werden. Derweil besiegte ein anderer Teil von Judenitschs Truppen im Süden Anatoliens die 2. osmanische Armee, und zuletzt fiel am 2. Juli auch noch Erzincan, rund 160 Kilometer westlich von Erzurum, in die Hand der Russen. Im August konnte immerhin Mustafa Kemal, der mit dem Beinamen Atatürk 1923 erster Staatspräsident der modernen Türkei werden sollte, mit dem XVI. Korps die Städte Bitlis und Muş zurückerobern.

Aber Mustafas Erfolge waren nicht von Dauer. Eine Gegenoffensive der osmanischen 2. Armee blieb mangels Nachschub stecken, und Mustafa Kemal musste sich von einer armenischen Freiwilligentruppe unter

Thomas Nazarbakian, einem Armenier aus Tiflis, aus den eroberten Städten drängen lassen. Alle Kämpfe endeten jedoch im Lauf des Septembers 1916 vorübergehend, als der anatolische Winter über das geschundene Land kam.

↗ **Am Kap Helles, der Spitze der Halbinsel von Gallipoli, landeten australische und neuseeländische Truppen und stießen dort auf heftigen türkischen Widerstand.**

8 Die Kämpfe an den Dardanellen – Gallipoli und ANZAC

Die Dardanellen, eine Meerenge mit der Halbinsel Gallipoli auf der einen Seite und dem türkischen Festland auf der anderen, verbinden die Ägäis mit dem Marmarameer und durch den Bosporus mit dem Schwarzen Meer. Während des Krimkriegs waren britische Truppen dort mit osmanischer Zustimmung schon einmal gelandet, um die Durchfahrt gegen eine mögliche russische Invasion zu schützen. Als im Ersten Weltkrieg nach wenigen Monaten die Fronten in Westeuropa zum Stillstand kamen, schlug Winston Churchill, der Erste Lord der Admiralität, einen Angriff auf die Dardanellen von der See her vor. Mit dessen Erfolg wollte man die Griechen, die Bulgaren und vielleicht die besiegten Osmanen zum Kriegseintritt gegen das Deutsche Reich bewegen.

Die Türkei hatte in der zweiten Jahreshälfte 1914 die Befestigungen auf beiden Seiten der Meeresstraße verstärkt, Geschütze mit großer

Reichweite aufgestellt und die Zufahrt mit etlichen Unterwasserminen versehen. Dagegen zogen Briten und Franzosen in der Ägäis eine große Zahl ihrer Kriegsschiffe zusammen. Der erste Angriff auf die Dardanellen bei Seddülbahir und Çanakkale am 19. Februar 1915 diente lediglich der Lageaufklärung, zu umfangreichen Auseinandersetzungen kam es jedoch noch nicht. Erst eine Attacke mit 18 Kriegsschiffen am 18. März zeigte, dass Angriffe ausschließlich von See her nicht automatisch Erfolg versprachen. Zwar konnten ein paar türkische Stellungen zerstört werden, dafür erlitten die Schiffe der Entente schwere Verluste. Das französische Linienschiff »Suffren« wurde binnen kurzem in Brand geschossen. Als die vier französischen Schiffe abdrehen wollten, liefen sie vor Erenköy in ein Minenfeld. Innerhalb von zwei Minuten sank die »Bouvet« mit mehr als 600 Mann. Auch die Briten verloren zwei Schiffe, die »Irresistible« und die »Ocean«. Der britische Schlachtkreuzer »Inflexible« und die französische »Gaulois« zogen angeschlagen ab.

Nach allen bisherigen Niederlagen war dies der erste wirkliche Sieg der osmanischen Armee. Um ihn zu sichern, wurden besser ausgebildete Einheiten unter der Führung der Generale Vehip Pascha und Liman von Sanders an die Meerenge verlegt. Auf beiden Seiten verteilten sich 84 000 Soldaten der 5. Armee, unter ihnen 700 deutsche Soldaten, Pioniere zumeist, aber auch 150 Matrosen der »Goeben« und der »Breslau«. Drei Divisionen lagen auf der Halbinsel Gallipoli, zwei auf der gegenüberliegenden Seite. Eine weitere Division bildete auf dem europäischen Festland eine Reserve. In London war man nicht davon ausgegangen, dass dort Verstärkung gebraucht werden würde, weshalb die Einheiten hauptsächlich aus unerfahrenen australischen und neuseeländischen Freiwilligen bestanden, die aus Ägypten eingeschifft worden waren. Es handelte sich um 30 000 Infanteristen, die das Australian and New Zealand Army Corps (ANZAC) bildeten. Sie wurden durch 17 000 britische Soldaten der 29. Division sowie kanadische und französische Einheiten ergänzt. Befehlshaber der Mediterranean Expeditionary Force war General Sir Ian Hamilton. Zu seiner Ausgangsbasis wurde die kurzfristig besetzte griechische Insel Limnos.

Am 25. April 1915 begann die Landung an der äußersten Spitze der Halbinsel, die von alliierten Schiffen schwer beschossen wurde. Die britische 29. Division ging am Kap Helles an Land, das ANZAC an einem schmalen, zum Land hin von einem hohen Felsenufer begrenzten

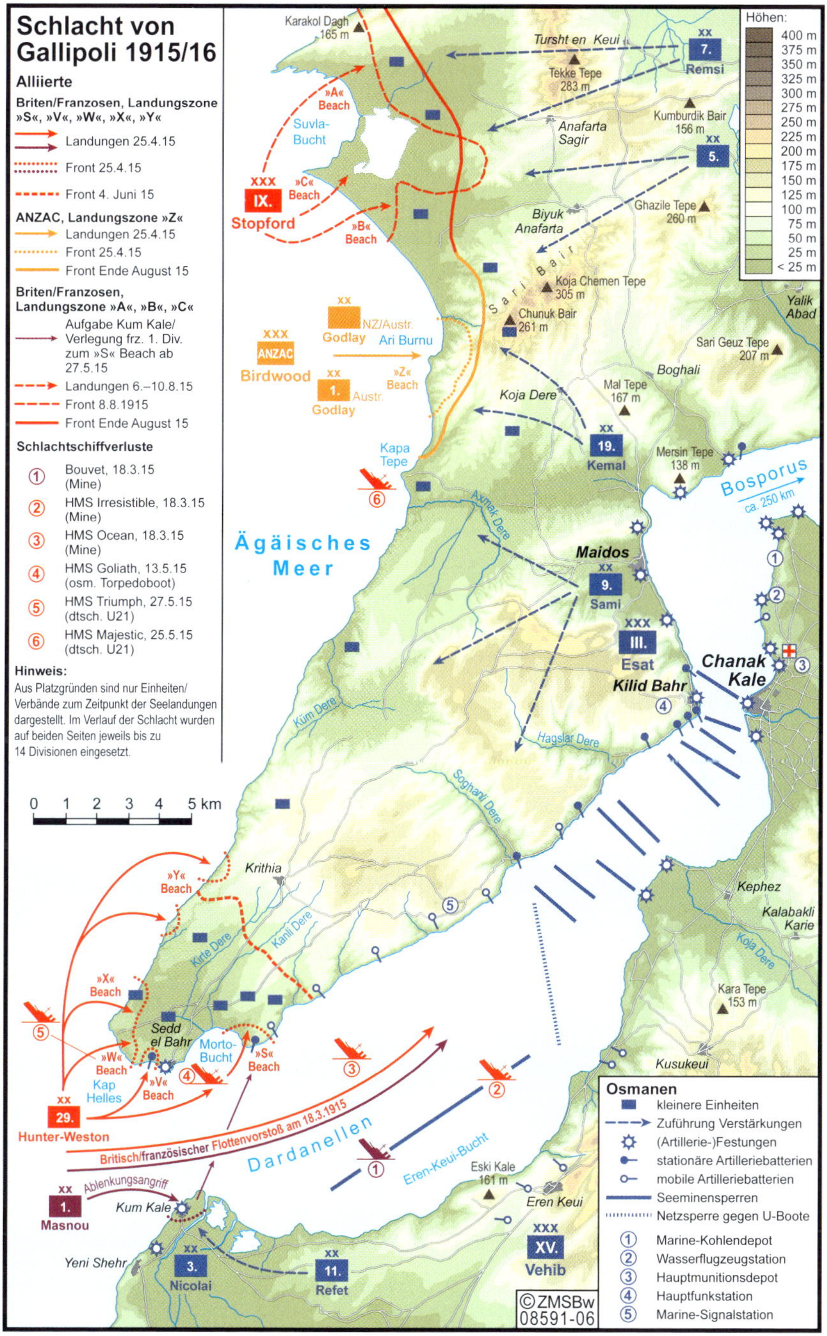

Schlacht von Gallipoli 1915/16
Alliierte
Briten/Franzosen, Landungszone »S«, »V«, »W«, »X«, »Y«
Landungen 25.4.15
Front 25.4.15
Front 4. Juni 15
ANZAC, Landungszone »Z«
Landungen 25.4.15
Front 25.4.15
Front Ende August 15
Briten/Franzosen, Landungszone »A«, »B«, »C«
Aufgabe Kum Kale/ Verlegung frz. 1. Div. zum »S« Beach ab 27.5.15
Landungen 6.–10.8.15
Front 8.8.1915
Front Ende August 15
Schlachtschiffverluste
① Bouvet, 18.3.15 (Mine)
② HMS Irresistible, 18.3.15 (Mine)
③ HMS Ocean, 18.3.15 (Mine)
④ HMS Goliath, 13.5.15 (osm. Torpedoboot)
⑤ HMS Triumph, 27.5.15 (dtsch. U21)
⑥ HMS Majestic, 25.5.15 (dtsch. U21)
Hinweis:
Aus Platzgründen sind nur Einheiten/Verbände zum Zeitpunkt der Seelandungen dargestellt. Im Verlauf der Schlacht wurden auf beiden Seiten jeweils bis zu 14 Divisionen eingesetzt.
0 1 2 3 4 5 km
Höhen:
400 m
375 m
350 m
325 m
300 m
275 m
250 m
225 m
200 m
175 m
150 m
125 m
100 m
75 m
50 m
25 m
< 25 m
Karakol Dagh 165 m
Tursht en Keui
Tekke Tepe 283 m
XX 7. Remsi
»A« Beach
Suvla-Bucht
Anafarta Sagir
Kumburdik Bair 156 m
XX 5.
XXX IX. Stopford
»C« Beach
»B« Beach
Biyuk Anafarta
Ghazile Tepe 260 m
Sari Bair
Koja Chemen Tepe 305 m
Chunuk Bair 261 m
Yalik Abad
XX NZ/Austr. Godlay
XXX ANZAC Birdwood
Ari Burnu
»Z« Beach
XX 1. Austr. Godlay
Sari Geuz Tepe 207 m
Boghali
Mal Tepe 167 m
Koja Dere
XX 19. Kemal
Mersin Tepe 138 m
Kapa Tepe
Bosporus ca. 250 km
Axmak Dere
Ägäisches Meer
Maidos
XX 9. Sami
XXX III. Esat
Chanak Kale
Kilid Bahr
Küm Dere
Hagslar Dere
Soghanli Dere
Krithia
»Y« Beach
Kirte Dere
Kanli Dere
Kephez
Kalabakli Karie
Koja Dere
»X« Beach
Kara Tepe 153 m
Sedd el Bahr
Morto-Bucht
»W« Beach
»V« Beach
»S« Beach
Kap Helles
XX 29. Hunter-Weston
Kusukeui
Britisch/französischer Flottenvorstoß am 18.3.1915
Dardanellen
Eren-Keui-Bucht
Eski Kale 161 m
Eren Keui
XX 1. Masnou
Ablenkungsangriff
Kum Kale
Yeni Shehr
XX 3. Nicolai
XX 11. Refet
XXX XV. Vehib
Osmanen
kleinere Einheiten
Zuführung Verstärkungen
(Artillerie-)Festungen
stationäre Artilleriebatterien
mobile Artilleriebatterien
Seeminensperren
Netzsperre gegen U-Boote
① Marine-Kohlendepot
② Wasserflugzeugstation
③ Hauptmunitionsdepot
④ Hauptfunkstation
⑤ Marine-Signalstation
©ZMSBw 08591-06

Strandabschnitt bei Ari Burnu. Dort kommandierte Oberst Mustafa Kemal die 19. osmanische Division. Er nutzte geschickt den geographischen Vorteil, von höhergelegenen Stellungen aus kämpfen zu können. Auch die Landungstruppen am Kap Helles trafen auf Widerstand. Bei der Festung Seddülbahir setzte ein umgebauter Kohlendampfer die Soldaten über Rampen ab, wo sie allerdings ungeschützt dem türkischen Maschinengewehrfeuer ausgesetzt waren. Viele Soldaten starben schon in den Stacheldrahtverhauen am Strand. Nur unter schwersten Verlusten konnte ein schmaler Strandstreifen abseits besetzt werden. Insgesamt verloren die Briten 70 Prozent ihrer Truppen. Aber auch die Verluste auf türkischer Seite waren hoch. Bei dem Versuch, die Einheiten des ANZAC zurückzuwerfen, gerieten die Soldaten Mustafa Kemals am 27. April ins Feuer der alliierten Schiffe.

Am 28. April versuchten die Invasoren einen ersten Angriff auf das landeinwärts liegende Dorf Alçıtepe (Krithia). Die Türken konnten den Ort zwar halten, ihre Gegner sich aber immerhin auf halbem Weg mit 20 000 Mann für den kommenden Stellungskrieg eingraben. Gegenangriffen in den ersten Maitagen hielten die Briten dadurch stand. Alle

Eine türkische Maschinengewehrstellung während der Kämpfe an den Meerengen 1915.

gleichzeitigen Versuche des ANZAC, seine Stellung ebenfalls zu verbessern, scheiterten jedoch am osmanischen Widerstand. Teile des ANZAC wurden daraufhin für einen zweiten Angriff auf Krithia verlegt, der verlustreich scheiterte.

In den Stellungen bei Ari Burnu lagen immer noch etwa 10 000 Australier und Neuseeländer, die Mustafa Kemal am 19. Mai mit einer vierfachen Übermacht angriff. Beide Seiten verloren etliche Männer, weshalb ein lokaler Waffenstillstand am 24. Mai vereinbart wurde, um die vielen Toten zu bergen. Am 4. Juni flammten dann die Kämpfe bei Krithia zum dritten Mal auf. Erneut verloren beide Seiten etwa ein Viertel ihrer Soldaten. Bis in den August ging der Grabenkampf mit nur geringen Gewinnen und immer wieder extrem hohen Verlusten hin und her.

Die missliche Lage in der Landungszone zwischen dem Kap und den Stellungen vor Krithia sowie an den schmalen Stränden bei Ari Burnu nötigten General Hamilton im August dazu, vier weitere Divisionen in der weiter nördlich gelegenen Suvla-Bucht an einen Strand ohne Felsabhänge zu schicken. Die zumeist irischen und walisischen Soldaten sollten gemeinsam mit dem ANZAC ausbrechen und eine höhergelegene Ebene im Landesinnern erobern. Die alliierten Truppen waren den verteidigenden Türken unter dem bayerischen Major Wilhelm Willmer um ein Vielfaches überlegen, zögerten aber den Angriff hinaus, was es den Gegnern ermöglichte, zusätzliche Divisionen in die Verteidigungsstellungen zu bringen. Die Angreifer gerieten in feindliches Maschinengewehrfeuer oder in den Beschuss der eigenen Artillerie. Die osmanischen Verbände unter Führung Mustafa Kemals konnten alle Attacken zurückschlagen. Nach einem letzten gescheiterten Angriffsversuch am 21. August endete auch diese Offensive.

Im Oktober verlor Hamilton sein Kommando, sein Nachfolger befehligte nurmehr den Rückzug. Die Evakuierung von zuletzt 14 Divisionen begann am 18. Dezember 1915 bei frostigem Winterwetter. Als die türkischen Truppen die Situation der Briten erkannt hatten, setzten sie den Fliehenden mit schwerem Bombardement zu und eroberten zurückgelassenes Material. Letzte Kämpfe vom 7. bis 9. Januar 1916 beendeten das britische Landungsunternehmen.

Militärisch war das Ganze eine Katastrophe gewesen, aber auch politisch hatte die Niederlage desaströse Folgen. Bulgarien verbündete sich am 14. Oktober 1915 mit Deutschland und der Türkei; Griechenland und

General Sir Ian Hamilton (1853–1947) befehligte die Mediterranean Expeditionary Force während der Kämpfe an den Dardanellen.

Rumänien traten nicht wie erhofft auf die Seite der Entente, sondern blieben neutral. Das Osmanische Reich sicherte seine Stellung zum Balkan hin ab. Churchill trat schon im Mai 1915 als Marineminister zurück. Die Regierung des Premierministers H. H. Asquith sollte die Niederlage an den Dardanellen nicht mehr verwinden. Während für manchen britischen Offizier die Karriere vor Gallipoli endete, tat sich Mustafa Kemal dort erstmals hervor. Verehrt wurde er als Held von Gallipoli. Dessen ungeachtet versetzte ihn Kriegsminister Enver Pascha im März 1916 in den Kaukasus, um sich die Siege im Westen mit niemandem teilen zu müssen.

Der Versuch, die Meerengen zu erobern, ging als eine der blutigsten Schlachten in die Geschichte ein; mehr als 130 000 Soldaten starben dort. Die Zahlen variieren, die aktuellste Schätzung stammt von der neuseeländischen Regierung aus dem Jahr 2016:

	Gefallene	Verwundete	zusammen
Australien	8 709	19 441	28 150
Neuseeland	2 779	5 212	7 991
Großbritannien und Irland	21 255	52 230	73 485
Frankreich	10 000	17 000	27 000
Indien	1 358	3 421	4 779
Kanada (Neufundland)	49	93	142
Entente	44 150	97 397	141 547
Osmanisches Reich	86 692	164 617	251 309
Gesamt	130 842	262 014	392 856
https://nzhistory.govt.nz/media/interactive/gallipoli-casualties-country (Ministry for Culture and Heritage, aktualisiert am 1. März 2016)			

Trotz der hohen eigenen Verluste ist der Sieg von Gallipoli in der Türkei bis heute ein nationaler Mythos. Die Halbinsel ist übersät mit türkischen Denkmälern, es befinden sich dort aber auch ein französischer Friedhof und 31 Anlagen der Commonwealth War Graves Commission. In Neuseeland und Australien wird der Beginn der Invasion am 25. April als trauriger Gedenktag, als ANZAC-Day, begangen. Kein Ort ist zu klein, als dass dort nicht mit einem Gedenkstein der Toten gedacht wird. Die große Anzahl an Büchern und viele Filme zeigen den Nachhall der Ereignisse bis zum heutigen Tag.

↗ Beide Kriegsparteien bedienten sich indigener Hilfstruppen wie dieser Patrouille beduinischer Kamelreiter.

9 Die Sinai-Front – Suezkanal, Gaza und Palästina

Die Briten in Ägypten

1914 standen britische Soldaten schon seit mehr als 30 Jahren am Nil. Zuvor war Ägypten ein Schwellenland gewesen. Es gehörte zum Osmanischen Reich, der ägyptische Herrscher, der Khedive oder Vizekönig, war ein tributpflichtiger Vasall des Sultans. Die ägyptische Oberschicht wollte den Anschluss an die europäische Moderne; Kairo und Alexandrien wirkten bereits wie europäische Großstädte. Darüber verschuldete sich das Land in horrendem Ausmaß, etwa beim Bau des Suezkanals und anderer Projekte wie einem großen Opernhaus in der Hauptstadt. Eine nennenswerte Industrie entstand jedoch nicht. Die in Ägypten lebenden Europäer machten riesige Gewinne und übernahmen in der Situation auswegloser Verschuldung die wichtigsten Funktionen des Staates. Als sich eine ägyptische Nationalbewegung dagegen auflehnte, besetzten die Briten 1882 in einem kurzen Feldzug das Land. Formal blieb ein Khedive an der Spitze, der osmanische Sultan erhielt auch weiterhin seine Abgaben. Tatsächlich herrschte in Kairo aber ein britischer Generalkonsul, der Ägypten ins britische Weltreich integrierte und dessen »Reich« seit Mitte der 1890er Jahre auch den Sudan umfasste. Früher hatte das fruchtbare Land am Nil Getreide im Überfluss produziert, jetzt musste es es einführen; Baumwolle war nunmehr das einzige Exportprodukt. Die ägyptische Armee wurde von einem britischen General befehligt, ihre Soldaten von britischen Offizieren ausgebildet.

Kurz nach Kriegsbeginn entledigte Großbritannien sich des ägyptischen Vizekönigs, der sich mit nationalägyptischen Kräften verbündet hatte. Abbas II. wurde abgesetzt und ging ins Schweizer Exil. Seinen Onkel setzte London zum Schein als »Sultan von Ägypten und König des Sudan« ein, beendete aber die formelle Hoheit des Osmanischen Reichs in Ägypten, indem es das Land zum britischen Protektorat erklärte. An die Stelle des bisherigen Generalkonsuls trat ein Hochkommissar.

Im Geschehen des Weltkriegs nahm Ägypten eine eigenartige Stellung ein. Es war keine unabhängige Kriegspartei. Zwar standen britische Truppen am Nil, aber es gab eine starke nationale Bewegung im Land. Insofern war der strategische Ansatz der Osmanen, den Gegner dort anzugreifen, naheliegend und durchaus erfolgversprechend.

Die Schlacht am Suezkanal

Schon früh planten der Befehlshaber der 4. osmanischen Armee in Damaskus, Brigadegeneral Zekki Pascha, und der Oberbefehlshaber von Syrien und Palästina, Cemal Pascha, einen Angriff auf den Suezkanal. Die weg- und wasserlose Wüstenlandschaft der Halbinsel Sinai, die zu Ägypten gehörte, bildete einen Puffer zwischen den beiden Ländern. Ein erstes Scharmützel fand am 20. November 1914 statt, als rund 200 Beduinen eine kleine Kamelpatrouille britisch-indischer Soldaten bei el-Qantara am Suezkanal überfielen. Im Dezember nahmen osmanische Truppen al-Arish an der Mittelmeerküste des Sinai ein.

Den Briten war klar, dass der 160 Kilometer lange Suezkanal ihre eigentliche Verteidigungslinie sein würde. Die Wasserstraße wurde auf der gesamten Länge von einer Eisenbahnlinie begleitet, was die Versorgung der Sicherungstruppen erleichterte. Zudem gab es im Westen des Kanals ausreichend Trinkwasser, im Osten dagegen nur brackige Brun-

Der Angriff auf den Suezkanal am 3. Februar 1915

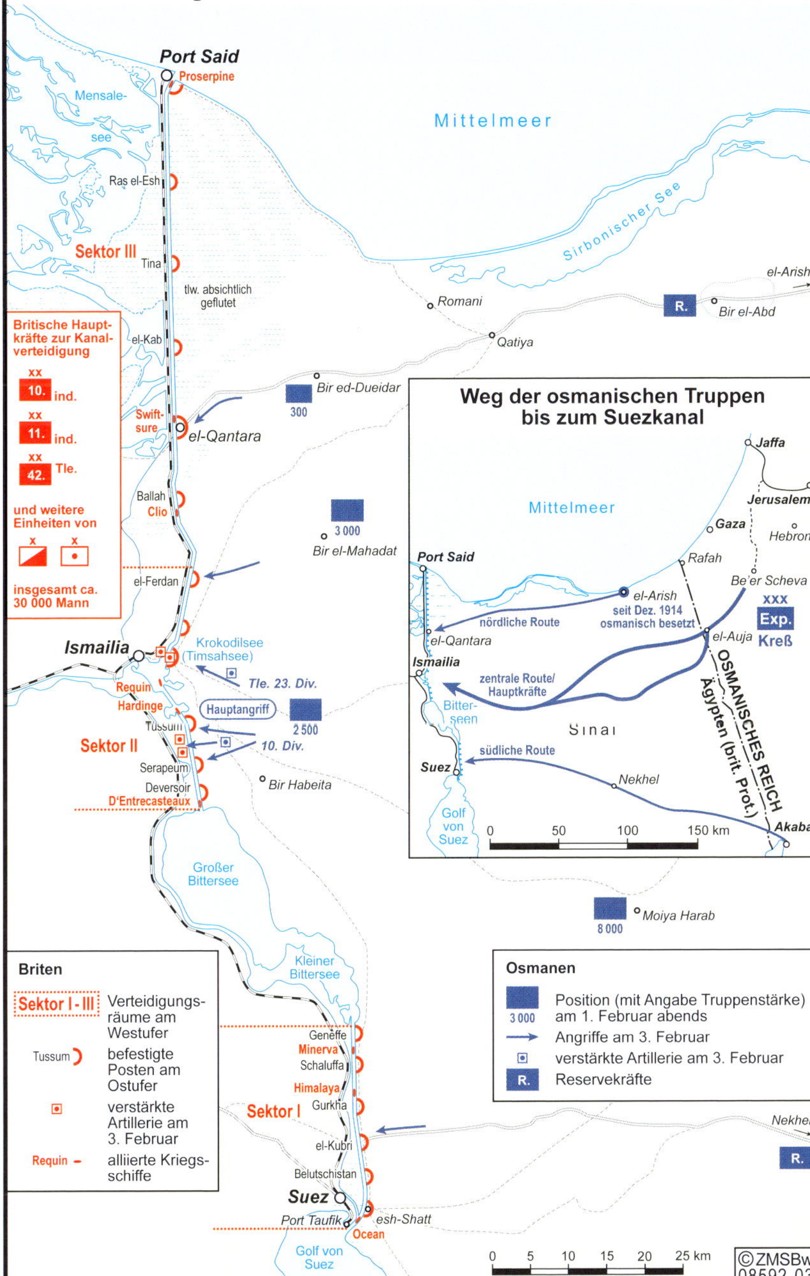

nen. Bis Januar 1915 hatten die Briten etwa 70 000 Soldaten in Ägypten zusammengezogen. 30 000 von ihnen, hauptsächlich indische Divisionen, aber auch britische, australische und neuseeländische Verbände sowie ägyptische Formationen, sicherten den Kanal auf seiner westlichen Seite hinter Stacheldraht, Sandsackverbauungen und Gräben. Fähren und Schwimmbrücken ermöglichten einen schnellen Übergang. Unterstützt wurden die Soldaten durch eine Anzahl Kriegs- und bewaffneter Handelsschiffe auf dem Kanal und den Seen, die er passiert. Den Oberbefehl hatte Generalmajor John Maxwell, der Ägypten und den Sudan aus langer Dienstzeit kannte.

Die Osmanen wählten für ihren Angriff eine Route, die mitten durch den Sinai von Be'er Scheva nach Ismailia führte. Dort endete eine britische Eisenbahnlinie, dort gab es lebensnotwendige Süßwasserpumpen, und nur dort hätten sie auf der westlichen Seite des Kanals geeignete Wege in Richtung Nil vorgefunden. Mithilfe von Einheiten aus Beduinen vom Sinai, aus Drusen, Kurden und Tscherkessen aus Syrien sowie arabischen Kämpfern wollten sie einen nationalägyptischen Aufstand gegen die britische Herrschaft anzetteln.

Den Angriff befehligte der deutsche Oberstleutnant Friedrich Kreß von Kressenstein. Bis Januar 1915 führte er im Süden Palästinas rund 25 000 Mann mit zehn Batterien Feldartillerie zusammen. Es war klar, dass der Vormarsch der Truppen und ihre Versorgung durch die Wüste alles andere als mühelos sein würde. Besonders der Transport eiserner Pontons für die Querung des Kanals war eine Herausforderung. Trotzdem war geplant, dass eine Infanteriedivision schnell Ismailia eroberte und den Kanal überquerte.

Zehn Tage dauerte der Aufmarsch, stets bedroht von britischen Flugzeugen, die hin und wieder Bomben abwarfen. Je 3000 Mann rückten nördlich an der Küste entlang auf Port Said und südlich auf Suez zu, mehr als 6000 Mann zentral auf Ismailia. Einzelne Begegnungen mit britischen Einheiten boten keine Schwierigkeiten. Zur Ablenkung versuchten die beiden osmanischen Kolonnen an den Flanken, den Kanal am 26. und 27. Januar 1915 bei el-Qantara und Suez zu erobern. Der Hauptteil der osmanischen Streitmacht marschierte zuletzt nur noch nachts und richtete sich ein Lager 25 Kilometer östlich der Wasserstraße ein. Als die Osmanen vermeintlich arglose britische Offiziere beim Fußballspielen sahen, glaubten sie, unbemerkt geblieben zu sein. Tat-

Fehlte anfangs noch jegliche osmanische Luftaufklärung, lieferten deutsche Flieger später hervorragende Fotos: Port Said am 17. April 1917.

sächlich war das britische Hauptquartier über nahezu jede Bewegung des Feindes ausgezeichnet informiert. Die Schlacht am Suezkanal dauerte nur einen Tag.

Der zentrale osmanische Angriff erfolgte südlich des Krokodilsees (Timsahsee), durch den der Kanal bei Ismailia führt. Dort hielten sich neuseeländische und indische Infanterie, Gurkhas und Punjabis, sowie einige Batterien britischer und ägyptischer Artillerie bereit. Am 3. Februar vor halb fünf in der Frühe misslang unter dem Beschuss einer ägyptischen Batterie ein erster Versuch, Pontons und Flöße zu Wasser zu bringen. Ein zweites Mal versuchten es die Angreifer im Schutz von Maschinengewehrfeuer aus den Sanddünen am Ostufer. Sie brachten drei Boote mit einem Stoßtrupp ans westliche Ufer, wurden dort aber aufgerieben. Der Morgen graute noch, da war die erste türkische Angriffswelle bereits zurückgeschlagen.

Um 6 Uhr bestrich türkische Artillerie einen britischen Posten östlich des Kanals bei einer als Tussum bezeichneten Stelle. Die im See ankernden Kriegsschiffe »Hardinge« und »Requin« feuerten daraufhin auf

die gegnerische Infanterie, die mit etwa 350 Mann einen britischen Graben erobert hatte. Im Lauf des Tages verloren die Türken diese Stellung unter großen Verlusten wieder. Auch einen weiteren Angriff schlugen die Verteidiger erfolgreich zurück.

Die Briten gingen um halb sieben zum Gegenangriff über. Zwei Kompanien Gurkhas mit Maschinengewehren und sechs Züge leichte indische Infanterie setzten bei Serapeum auf das östliche Ufer und rückten dort nach Norden vor. Die osmanischen Soldaten verließen in Panik ihre Stellungen in den Sandhügeln. Erst mit Unterstützung zweier Regimenter und der Artillerie konnten sie die vorrückenden Inder aufhalten, die ihren kommandierenden Offizier verloren. Jetzt griffen wieder die Kriegsschiffe vom Kanal und den Seen her ein. Die Front kam mit einem Abstand von wenig mehr als einem Kilometer vor der Wasserstraße zum Stehen. Bei diesen Kämpfen wurden nahezu alle Pontons zerstört, ohne die eine Querung des Kanals ausgeschlossen war.

Immerhin gelang es aber der osmanischen Streitmacht, eine 750 Meter vom Kanal entfernte verschanzte Stellung in ihre Hände zu bringen.

Aufbruch der Expedition gegen den Suezkanal im Juli 1915: Kamele halfen, den Nachschub im unwegsamen Gelände sicherzustellen.

Außerdem konnte eine 15-Zentimeter-Haubitze die »Hardinge« so präzise unter Beschuss nehmen, dass diese sich beschädigt zurückziehen musste. Bevor es auch die »Requin« traf, konnten deren 27,4-Zentimeter-Turmgeschütze allerdings die osmanische Kanone unschädlich machen. Weitere kleine Kämpfe in el-Kubri, el-Ferdan und el-Qantara gingen allesamt schlecht für das türkische Expeditionsheer aus. Am Nachmittag wurde die Schlacht beinahe eingestellt, nur die Artillerie setzte ihr Feuer fort. Auf dem Krokodilsee übernahm die »Swiftsure« die Rolle der angeschlagenen »Hardinge«, indische und australische Truppen verstärkten die verteidigenden Stellungen.

Nur zwei türkische Kompanien, etwa 600 Mann, schafften es über den Kanal. Einen Brückenkopf aber konnten sie nicht halten; im Gegenteil, es wurden alle gefangen genommen. Der Rest stellte sämtliche Querungsversuche ein, sobald die Briten Abwehrfeuer gaben. Am Abend des 3. Februar setzte Cemal Pascha den Rückzugsbefehl gegen Kreß von Kressenstein durch, der die Angriffe hatte fortsetzen wollen. Rückblickend erkannte Kreß darin eine kluge Entscheidung: »Am

Abend des ersten Schlachttages konnte er noch freiwillig und ohne ernste Verluste den Kampf abbrechen; am nächsten Tage wäre dies vielleicht nicht mehr möglich gewesen, und das Expeditionskorps wäre vernichtet worden.«

Am Morgen des 4. Februar waren also die türkischen Truppen außer ein paar verbliebenen Einzelschützen weitgehend verschwunden. Bei Nachhutgefechten starben weitere türkische Soldaten oder sie wurden mit ihren Waffen gefangen genommen. Noch am Mittag rieben verfolgende indische Regimenter türkische Einheiten auf, kehrten dann aber an den Kanal zurück. Britische Flugzeuge übernahmen die Beobachtung der abrückenden Osmanen, die bis zum 10. Februar nahezu zur Gänze wieder auf ihre Ausgangsstellung in Palästina zurückgeworfen waren. Einige türkische Außenposten auf einer Linie zwischen al-Arish und Nekhel blieben bestehen, von wo aus immer wieder Stoßtrupps in Richtung Kanal angriffen und den Verkehr auf der Wasserstraße störten.

Trotz ihrer zahlenmäßigen Übermacht verzichteten die Briten auf

Friedrich Kreß von Kressenstein (1870–1948) kommandierte die 4. osmanische Armee und führte 1915 das Expeditionskorps gegen Suez.

eine Gegenoffensive, weil nur die indischen Truppenteile genügend ausgebildet waren und der osmanische Angriff die Probleme des Nachschubs im unwegsamen Gelände auch den Briten deutlich gemacht hatte. Zudem musste General Maxwell im März rund 30 000 australische und neuseeländische Soldaten für Einsätze an den Dardanellen bereit-

Die Deutsche Fliegertruppe und der Beginn der Luftbildarchäologie

Die Kriegsführung aus der Luft stand 1914 noch ganz am Anfang ihrer Entwicklung. Die verfeindeten Mächte verfügten zusammen über kaum 1000 Flugzeuge, Deutschland hatte davon weniger als 250, das Osmanische Reich besaß gar keine Fliegerwaffe. Der kurze Feldzug gegen den Suezkanal Anfang 1915 hatte den Wert von Flugzeugen gezeigt. So kamen die ersten beiden deutschen Maschinen im März 1915 in die Türkei. Daraus wurden bis zum Kriegsende 460 Flugzeuge, 600 Mann Personal, davon 150 Piloten in fünf Jagdstaffeln und 27 Fliegerabteilungen, davon vier bei der Marine.

Erste Flugzeuge wurden schon bei der Schlacht um Gallipoli eingesetzt, die meisten deutschen Flieger kämpften aber erst ab 1917 an der Palästinafront. Hier waren vier preußische und eine bayerische Fliegerabteilung mit zusammen 65 Flugzeugen im Einsatz. Der Luftkampf, der andernorts Piloten berühmt machte, spielte hier keine große Rolle. Zumal die R. A. F. oft im Verhältnis 5:1 übermächtig war. Gelegentlich wurden Bomben abgeworfen, eigentlich aber waren die leichten Doppeldecker dafür und mit ihren schwachen Motoren für den Transport schwerer Güter ungeeignet. So spielte die Luftaufklärung die weitaus größte Rolle.

Das machte sich Theodor Wiegand zunutze. Der Archäologe aus Berlin leitete im Auftrag Cemal Paschas das Deutsch-Türkische Denkmalschutzkommando, das im Kriegsgebiet wissenschaftliche Bauaufnahmen antiker Stätten betrieb. Einzelne Luftaufnahmen archäologisch interessanter Orte waren auch zuvor schon in England und Nordafrika gemacht worden. Die systematische Nutzung von Luftbildern für die Forschung war jedoch Wiegands Idee. Es waren vor allem die Piloten der bayerischen Fliegerabteilung 304b aus Schleißheim, die, »soweit es die Kriegslage gestattete«, Aufnahmen machten. Die Glasplatten sind heute eine unschätzbare Quelle für die Archäologen, denn sie zeigen die antiken Ruinen in einem Zustand, der so nicht mehr erhalten ist (https://www.gda.bayern.de/findmitteldb/Findbuch/5450/).

stellen. Die Verluste waren auf beiden Seiten gering gewesen: auf türkischer Seite weniger als 1500 Tote, Verwundete und Vermisste, bei den Briten kaum 300. Dass sie schon nach wenig mehr als 200 Kilometern an die Grenze des Nachschubs gekommen waren, machte den deutschen und türkischen Offizieren klar, welche Probleme bei künftigen Feldzügen zu bewältigen sein würden. Die britischen Flugzeuge hatten ihnen überdies vor Augen geführt, dass sie eine Luftaufklärung benötigten.

Der Arabische Aufstand

An allen Fronten des Orients griffen die Kriegsparteien auf die Hilfe von Freischärlern zurück. Die Russen hatten armenische Söldner in ihren Reihen, die Türken arabische Stammeskrieger, auf beiden Seiten kämpften persische Reiter. Diese Guerillatruppen wurden mit Geld, Druck oder Versprechungen für die Zukunft motiviert. Mit solchen Hilfstruppen Fronten im Rücken des Gegners zu eröffnen und seine Kräfte an unerwarteter Stelle zu binden, war keineswegs eine neue oder unstatthafte Strategie.

Ganz in diesem Sinne versuchten die Briten, bestehende Spannungen zwischen den im Hedschas lebenden Arabern und deren türkischen Herrschern zu ihrem Vorteil auszunutzen. In dieser Region der arabischen Halbinsel am Roten Meer liegen auch die Städte Mekka und Medina. Unter osmanischer Hoheit herrschte dort der Chef des jahrhundertealten Clans der Haschemiten, der Großsherif von Mekka, Hussein ibn Ali. Als Hüter der Heiligen Stätten des Islam verfügte Hussein über eine gewisse lokale Bedeutung, seine Macht innerhalb der rivalisierenden Stämme Arabiens war jedoch sehr begrenzt. Aber er war ein ambitionierter Clanherrscher, der die Turkisierungspolitik der Regierung in Konstantinopel fürchten musste.

Als er erfuhr, dass er nach einem erfolgreichen Kriegsausgang abgesetzt werden sollte, ließ er jede Rücksicht außer Acht und verhandelte höchst eigennützig mit den Briten. Für die Zusicherung arabischer Krieger wollte er 50 000 Pfund in Gold, 5000 Gewehre sowie Munition und Lebensmittel. Für London erwies sich der Hedschas-Deal als teures Geschäft. Nach nur drei Monaten verlangte Hussein noch einmal 60 000 Pfund. Sein jüngster Spross Feisal kam dann auf die Idee, 130 000 Pfund

Der Großsherif von Mekka, Hussein ibn Ali (1854–1931), Hüter der Heiligen Stätten des Islam. Sein Bündnis mit den Briten begründete das jordanische Königshaus.

monatlich zu fordern. Am Ende zahlte man den Haschemiten wohl insgesamt 200 000 Pfund jeden Monat.

Auch für die deutsche Regierung waren Aktionen im Nahen Osten stets finanzielle Fässer ohne Boden. Paul Schwarz hatte am Beginn des Krieges für seine Expedition »nur« 250 000 bis 300 000 Mark (das entsprach 12 500 bis 15 000 Pfund) veranschlagt. Scheubner-Richter berechnete seine monatlichen Kosten schon auf 75 000 Mark: »Bitte alles Geld in Gold.« In Berlin wurden 1916 die Kosten aller Unternehmungen im Nahen Osten auf zusammen eine Million Mark jeden Monat geschätzt.

Aufs Ganze gesehen darf man aber davon ausgehen, dass Großbritannien über die weitaus größeren finanziellen Ressourcen verfügte und folglich potenziellen Partnern glaubhaftere Zusagen machen konnte. In einem geheim gehaltenen Briefwechsel versprach der britische Diplomat Henry McMahon seinen haschemitischen Partnern die Herrschaft über die gesamte arabische Halbinsel. Selbst wenn es dem Deutschen Reich eingefallen wäre, jemandem so etwas zuzusichern, es wäre dem Verbündeten des Sultans niemals geglaubt worden. Selbstverständlich war auch das britische Versprechen hohl: »Wir wollen kein mächtiges

Thomas Edward Lawrence (1888–1935) vom britischen Militärgeheimdienst organisierte einen Aufstand und wurde als »Lawrence von Arabien« weltberühmt.

und vereintes arabisches Königreich schaffen«, schrieb im April 1916 der Geheimdienstchef in Kairo, Gilbert Clayton, »weder unter dem Sherifen noch sonst jemandem.« Angesichts der ganz anderen Pläne, die zwischen der britischen und der französischen Regierung ausgehandelt wurden, kam ein solches arabisches Reich auch gar nicht in Frage.

Im Mai 1916 unterzeichneten die beiden Unterhändler Mark Sykes und François Georges-Picot nämlich den nach ihnen benannten Pakt, der den Orient für den Fall eines Sieges in britische und französische Herrschafts- und Interessenzonen aufteilte. Zwar schloss das schon seit Monaten verhandelte Sykes-Picot-Abkommen eine arabische Unabhängigkeit nicht gänzlich aus. Dass aber die Briten das von Hussein als Hauptstadt in Aussicht genommene Damaskus den Franzosen überlassen wollten, zeigte doch, welch geringen Stellenwert die Beduinen des

Hedschas in den Hinterzimmern der Diplomatie hatten. Als Hussein im Laufe des Jahres 1917 von den Abmachungen erfuhr, war es für einen Rückzieher längst zu spät.

Das viele Geld und die weitreichenden Versprechungen lösten den Arabischen Aufstand aus; er begann am 5. Juni 1916 mit einem Angriff auf Medina. Die kleinen osmanischen Garnisonen von Medina, Mekka, Dschidda und der Küstenorte am Roten Meer leisteten aber hartnäckigen Widerstand und konnten erst nach und nach mit britisch-ägyptischer Hilfe besiegt werden. Der Mitarbeiter des britischen Geheimdienstes Thomas Edward Lawrence nannte die arabischen Kämpfer herablassend »einen Mob von Heckenschützen und Guerilleros«.

Der später als »Lawrence von Arabien« berühmt gewordene Offizier war schon als Geschichtsstudent durch Palästina gewandert und hatte Dialekte und Gebräuche der Beduinen kennengelernt. Zeitweise half er

Der Film zum Mythos – *Lawrence of Arabia*

Das heutige Bild von T. E. Lawrence ist maßgeblich von der Verkörperung der Figur durch den Schauspieler Peter O'Toole im Wüstendrama *Lawrence von Arabien* (1962) geprägt. Das mit 7 Oscars ausgezeichnete Filmepos strotzt vor historischer und geographischer Ungenauigkeit, ist voller unfreiwillig komischer heldischer Männlichkeit und angefüllt mit westlichen, kolonialistischen Stereotypen. Doch Regisseur David Lean und sein Team haben den Mythos des Lawrence von Arabien nicht erfunden.

In zeitgenössischen osmanischen und deutschen Quellen kommt Lawrence nicht vor. Auch in der britischen Öffentlichkeit spielte er keine große Rolle. Das änderte sich, als in den 1920er Jahren der US-Journalist Lowell Thomas das erzählerische Potenzial seiner Lebensgeschichte erkannte. Er zog mit einer Vortragsshow durch die englischsprachige Welt. Militärmusik und Schleiertanz untermalten seine dramatische Erzählung vom englischen Wüstensohn. Populäre Biographien feierten den Helden, der zurückgezogen lebte und 1935 nach einem Motorradunfall starb.

Heute ist das vom Film geschaffene Lawrence-Bild der Referenzrahmen für Zitate und Anspielungen in der Populärkultur. In Berlin gibt es sogar eine Bar, die das Wüstenepos in Endlosschleife zeigt und passend dazu einen »Lawrence-of-Arabia«-Cocktail mit viel Minze und einer Feige serviert.

bei archäologischen Grabungen. So getarnt, bereiste er im Frühjahr 1914 für das Kriegsministerium die Wüste Negev und den Sinai. Nach Kriegsausbrach verbrachte er eine kurze Zeit im geographischen Dienst des Generalstabs, bis er im Dezember 1914 nach Kairo versetzt wurde, wo er sich auf die arabischen nationalistischen Bewegungen in den türkischen Provinzen konzentrierte. Lawrence beschränkte sich anders als etwa Max von Oppenheim nicht auf propagandistische Aktionen, sondern seine Arbeit war nachrichtendienstlicher Natur. Er beschaffte Informationen über die türkische Armee, führte Agenten in Palästina, befragte Gefangene und erkundete die Stimmung unter den Beduinenstämmen. Als Verbindungsoffizier zwischen den Briten und rebellierenden Arabern im Hedschas war er genau der Richtige. Im Oktober 1916 begann er damit, die für Kriegshandlungen schlecht gerüsteten Beduinen in Techniken des Guerillakrieges auszubilden.

Der Arabische Aufstand blieb eine Randerscheinung. Die Hauptlast der Kämpfe trugen auch dort britische Einheiten und die Kriegsschiffe auf dem Roten Meer. Hussein konnte die versprochenen Hunderttausende von Kriegern nicht herbeischaffen. Am Ende blieb es bei wenigen Zehntausend, die nicht mehr leisten konnten, als hin und wieder die Hedschas-Bahn, die einzige türkische Nachschublinie, zu unterbrechen oder Scharmützel mit gegnerischen Truppen auszufechten. Für die Beduinenreiter standen dabei materielle Beweggründe wie der britische Sold und die Beute aus der Plünderung eroberter Städte im Vordergrund. Den Briten war es wichtig, türkische Truppen ohne großen eigenen Aufwand zu binden. Sie brauchten zu diesem Zweck nur für die arabischen Nadelstiche zu bezahlen. Dadurch schoben sie ihre Angriffsposition nach und nach weiter in den Norden vor. Die Osmanen aber mussten diese Front zusätzlich zur Sinai-Grenze verteidigen, um einen Durchmarsch des Feindes auf Jerusalem zu verhindern. Dies band die Kräfte eines ganzen Korps im Hedschas.

Zwei Schlachten um Gaza

Als in Arabien der Aufstand begann, hatte die osmanische Armee soeben unterstützt von deutschen Soldaten einen erneuten und wiederum vergeblichen Vorstoß auf den Suezkanal unternommen. Im Gegen-

Die 1. Gazaschlacht am 26. März 1917

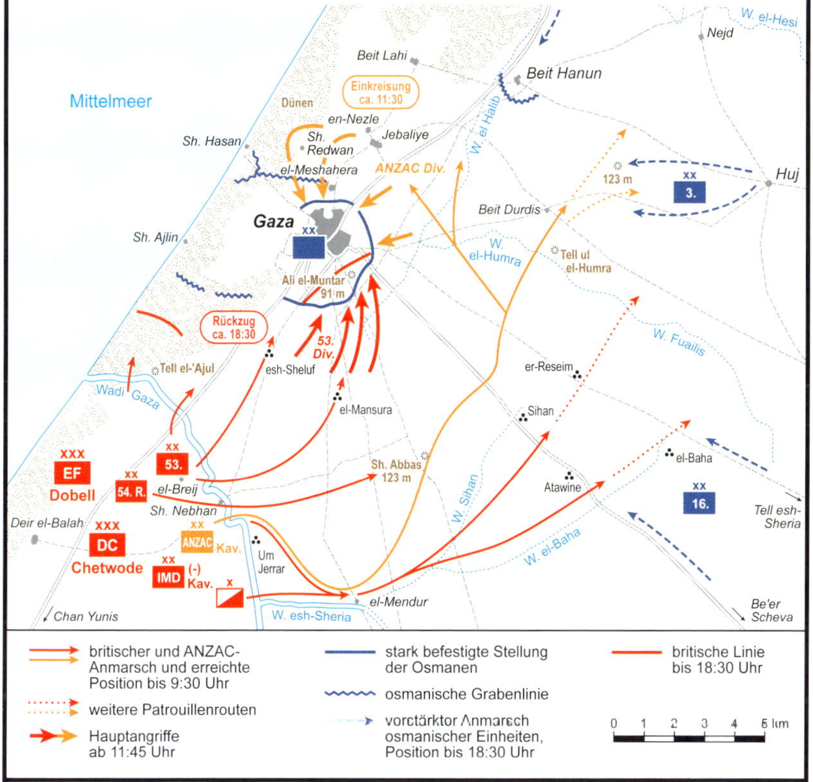

Die 2. Gazaschlacht vom 17. bis 19. April 1917

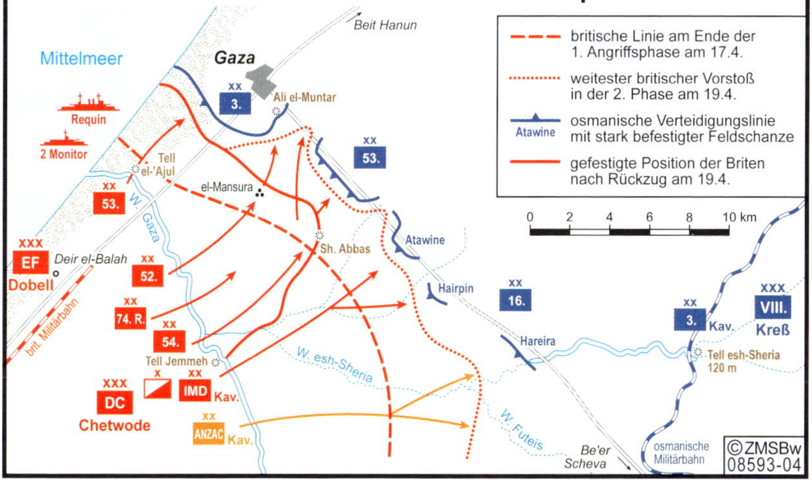

Über den Palmen von al-Arish: Die deutsche Fliegerabteilung 300 war seit Januar 1916 auf der Sinai-Halbinsel stationiert.

zug begannen die Briten jetzt damit, den Sinai zurückzuerobern. Nach dem Ende der Kämpfe an den Dardanellen war das britisch-ägyptische Expeditionsheer unter General Archibald Murray mit frei werdenden Kräften verstärkt worden. Auf der Gegenseite hatte Kreß von Kressenstein die türkischen Einheiten zurückgenommen, um auf der Linie Gaza – Tell esh-Sheria – Be'er Scheva den britischen Vormarsch auf Jerusalem zu stoppen. Die Palästinafront wurde von der osmanischen 8. Armee verteidigt.

Am 26. März 1917 begann die erste Schlacht um Gaza. Da die Osmanen in der Stadt selbst nur 4000 Soldaten aufbieten konnten, waren Murrays Truppen bei Weitem überlegen. Er ließ 12 000 Kavalleristen der ANZAC Mounted Division die Stadt umfassen und 11 000 Infanteristen von Süden her angreifen. Die Attacke musste aber mit nur geringer Artillerie auskommen. Zudem führten Kommunikationsprobleme dazu, dass die Angriffe schlecht koordiniert verliefen und im Maschinengewehrfeuer aus den türkischen Gräben liegen blieben. Trotzdem gelang es den Briten unter schweren Verlusten, bis ins Stadtzentrum von Gaza vorzudringen. Dann aber bedrohte türkische Kavallerie die britischen Depots und eine Feldbahnlinie. Murray fürchtete zusätzliche Verstärkung der Osmanen, während er selbst so rasch keine weiteren Soldaten würde heranführen können. Kurzerhand brach er den Angriff ab. Mehr als 500 Tote, ebenso viele Vermisste und annähernd 3000 Verwundete stellten eine verheerende Bilanz dar. Unter den Verteidigern von Gaza fielen 300 Mann, 750 wurden verwundet, 600 vermisst. Zwar gelang es Murray, die Schlacht als Sieg darzustellen, weil ihm die Presse die um das Zehnfache überhöhten Zahlen für die osmanische Seite abkaufte. Aber Gaza war eben nicht erobert worden.

Murray bereitete daher eine zweite Offensive mit vier Infanterie- und zwei Kavalleriedivisionen vor, zusammen über 40 000 Soldaten. Zudem konnte er 170 Geschütze und sogar acht Panzer aufbieten, unterstützt durch mehrere Kriegsschiffe an der Küste. Doch auch der Gegner hatte die Feuerpause genutzt. Etwas über 20 000 Soldaten, davon 2000 zu Pferd, und 100 Kanonen sollten nun Gaza halten.

Der Angriff setzte am 17. April mit Giftgas, Panzern und großkalibrigem Feuer von der See her ein. Für die Panzer erwies sich das Gelände als ungeeignet, Wind und Hitze machten das Gas wirkungslos, und als nach zweistündigem Artilleriebeschuss die Infanterie vorrückte, berannte sie wieder lediglich die türkischen Gräben und endete im Maschinengewehrfeuer. Die Attacke lief sich auf 16 Kilometern Breite an der türkischen Verteidigung fest. Daran änderten auch weiteres Bombardement und mehrere Angriffe am nächsten Tag nichts. Am Nachmittag des 19. April sahen sich die Verteidiger sogar in der Lage zu einer Gegenoffensive.

Der britische Gegner sei, schrieb Kreß von Kressenstein später, dem Angriff ausgewichen: »Bevor es auf diesem Teil des Schlachtfeldes zu einer ernstlichen Gefechtsberührung kam, machte die Dunkelheit dem Kampfe ein Ende.« Tatsächlich waren die Verluste aufseiten der Briten dreimal so hoch wie bei den Türken. Die Soldaten waren erschöpft, es fehlte an Munition. Wieder sah sich General Murray zum Abbruch der Angriffe gezwungen. Am Morgen erschienen dann deutsche Flugzeuge am Himmel, um das britische Feldlager zu bombardieren. Doch abgesehen von lokalen Gefechten blieb der große türkische Gegenschlag aus. Cemal Pascha verzichtete darauf, wie schon einmal am 3. Februar 1915 nach den Kämpfen am Suezkanal. Im Gegensatz zu damals traf er diesmal aber die Entscheidung gegen jegliche militärische Vernunft. Insofern war die zweite Schlacht um Gaza ein britischer Misserfolg, der den Türken gar nichts nützte, zumal sich andernorts das Kriegsglück von den Osmanen abgewendet hatte.

↗ General Cemal Pascha (1872–1922) besuchte im Sommer 1916 die deutsche Fliegerabteilung 300 in al-Arish.

10 1917/1918 – Die türkische Niederlage

Das Ende im Kaukasus

Der äußerst strenge Winter 1916/1917 hatte an der Kaukasusfront jegliche Kämpfe unter Massen von Schnee erstickt. Als schließlich Tauwetter einsetzte, hatte sich auch die politische Großwetterlage völlig verändert. Die desolate soziale, wirtschaftliche und militärische Lage hatte in Russland im Februar 1917 zur Revolution und im März zur Abdankung des Zaren geführt.

In der Folge legte die russische Provisorische Regierung alle Pläne für weitere Offensiven an der Kaukasusfront ad acta. Schon vorher war gut ein Drittel ihrer Soldaten desertiert, viele weitere erlagen einer Typhusepidemie und anderen Krankheiten oder einfach dem Hunger. Die Befehlshaber wurden abgesetzt, General Judenitsch legte sein Kommando nieder. Seinem Nachfolger General Michail Prschewalski gelang es nicht, die Auflösung seiner Armee zu verhindern. Schließlich spaltete sich das Militär in nationale Gruppen auf. Georgier, Armenier und Kosaken verfolgten fortan eigene nationale Ziele. Dennoch hielt die Front auf der 1916 erreichten Linie von Trabzon im Norden nach Erzincan und weiter nach Osten an den Vansee und Başkale. Beide Seiten hatten aber Mühe, ihre Armeen weiter ausreichend auszurüsten und zu verpflegen.

Ein in Erzincan unterschriebener Waffenstillstand beendete schließlich alle Kriegshandlungen am 5. Dezember 1917. Die Russen zogen ab, armenische und georgische Einheiten besetzten ihre Stellungen und bemächtigten sich des zurückgelassenen Materials. Sie konnten die Front gegen die türkische Übermacht allerdings nicht lange halten. Die 3. osmanische Armee eroberte nach und nach die verlorenen Städte und Regionen zurück: am 13. Februar 1918 Erzincan, am 25. Februar Trabzon, am 12. März Erzurum, danach Malazgirt, Oltu, Köprüköy und Tortum.

Als nach der Oktoberrevolution die neuen Herrscher Russlands, die Bolschewiki, mit dem Deutschen Reich einen Separatfrieden aushandelten, saßen auch osmanische Unterhändler am Tisch. Der Friedensvertrag von Brest-Litowsk vom 3. März 1918 brachte ihnen die 1878 an Russland abgetretenen Provinzen Kars, Ardahan und Batumi zurück ins Reich. Eigentlich waren damit die Ziele erreicht, die Großwesir Said

Der Frieden von Brest-Litowsk beendete den Krieg im Kaukasus (v.l.n.r. General Max Hoffmann, Außenminister Ottokar Czernin, Talât Pascha, Staatssekretär Richard von Kühlmann).

Halim Pascha vor dem türkischen Kriegseintritt formuliert hatte. Wie bei so vielen wuchsen auch bei ihm jedoch die Ambitionen mit dem Erfolg. Warum nicht Aserbaidschan erobern und den Traum vom pantürkischen Reich wahr werden lassen? Auf Kosten der Verteidigung gegen die Briten in Palästina und im Zweistromland widmeten sich die Türken nun der Eroberung Bakus am Kaspischen Meer. Am 15. September 1918 besetzten sie die Stadt, um eine protürkische Herrschaft zu etablieren. Plünderungen, Vergewaltigungen und Gewaltexzesse begleiteten die Eroberung, Tausende armenische Christen, vermutlich bis zu 30 000, fielen dem Massaker zum Opfer. Da war der Krieg aber fast schon vorbei.

Dritte Schlacht um Gaza

Der Fall Bagdads hatte den Briten den Sieg im Zweistromland gebracht. Das sollte nun auch an der Palästinafront gelingen. Der glücklose Archibald Murray wurde am 28. Juni 1917 durch den erfahrenen General Edmund Allenby ersetzt. Die Militärführung in London drängte zur Eile, denn die revolutionären Ereignisse in Sankt Petersburg ließen einen Zusammenbruch der russischen Kaukasusfront erwarten, wodurch in der osmanischen Armee Kräfte frei geworden wären, um Palästina wirksamer zu verteidigen. Bevor das eintrat, sollte Allenby einen Erfolg vorweisen.

Nach den ersten beiden Schlachten um Gaza hatte an diesem Kriegsschauplatz gespannte Ruhe geherrscht. Beide Seiten nutzten die Zeit zur Vorbereitung auf die kommenden Kämpfe. Die Briten holten Truppen und Waffen nach, die Osmanen bauten ihre Verteidigungslinien aus. Im Juli 1917 wurde auf Bitten Enver Paschas Kreß von Kressenstein durch Erich Falkenhayn abgelöst. Als neue Formation wurde aus drei türkischen Armeen die Heeresgruppe Yıldırım (›Blitz‹) gebildet, die Syrien und Palästina verteidigen sollte. Ihr Generalstab bestand fast ausschließlich aus deutschen Offizieren. Etwa ein Zehntel der Soldaten waren ebenfalls Deutsche. Diese rund 16 000 Mann bildeten das Asien- oder Levantekorps. Es bestand hauptsächlich aus mehreren Infanteriebataillonen, Pionieren, der Fliegerstaffel, Sanitätern und einer Nachrichtentruppe.

Ende Oktober 1917 begannen die Kämpfe bei Gaza erneut mit einem beherzten Angriff australischer Kavallerie auf Be'er Scheva. Die türkische Garnison brach rasch ein, sodass ihr Gegner wichtige Brunnen und Wasserreserven erbeutete. In der dritten Schlacht um Gaza war nicht mehr nur die Einnahme der Stadt das Ziel, sondern zudem der Durchbruch durch die Mitte der türkisch-deutschen Linie. Britische Artillerie beschoss massiv die Stadt, jedoch ohne einen ernstlichen Versuch, in

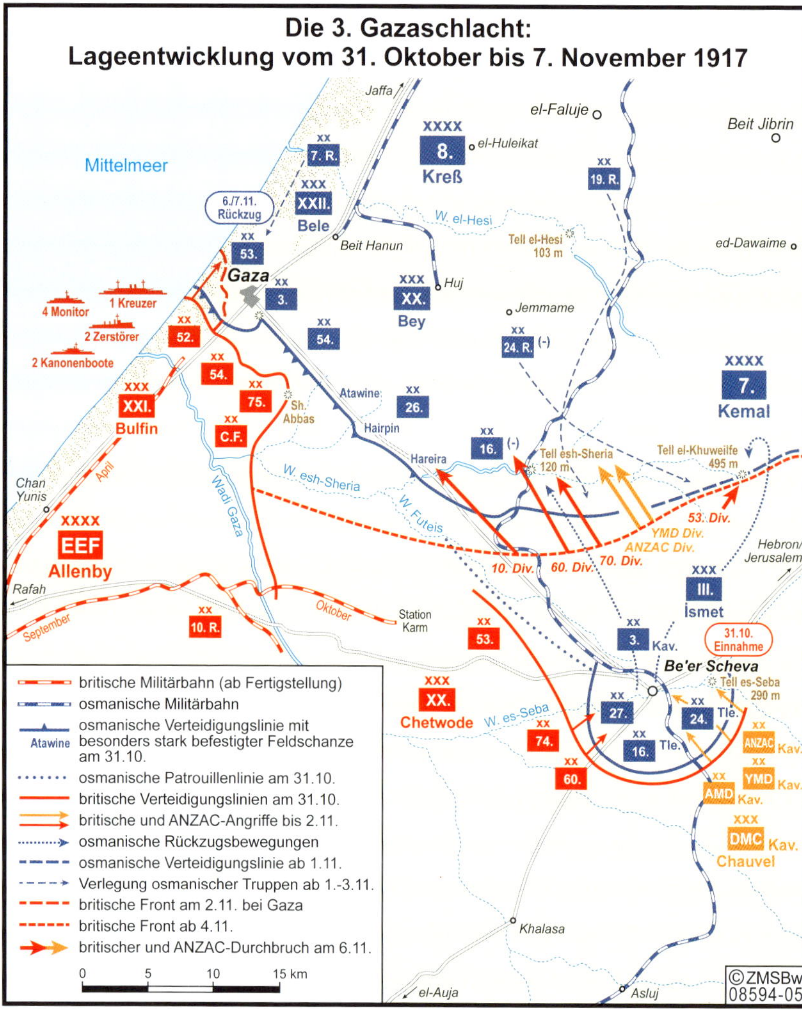

Die 3. Gazaschlacht: Lageentwicklung vom 31. Oktober bis 7. November 1917

den Ort einzudringen. Infanterie mit Unterstützung einiger Mark-IV-Tanks griff in der Nacht auf den 2. November die Schützengrabenreihen vor der Stadt an. Beide Seiten verzeichneten hohe Verluste, und die Briten eroberten nur wenig Gelände. Tagelang konnte die 8000 Mann starke Besatzung mit ihren mehr als 100 Geschützen Gaza verteidigen. Auch im Zentrum der Front hielt die Verteidigung, weil die Briten die türkisch-deutschen Kräfte unterschätzt hatten, die sich aus dem rückwärtigen Raum verstärken konnten und über die nötigen Wasserreserven verfügten. Umgekehrt konnten britische Truppen jeweils nur einen Tagesritt von den in Be'er Scheva eroberten Reservoirs entfernt operieren.

Erst als britische Pioniere durch das Erschließen von Quellen und das Anlegen von Wasserspeichern das Versorgungsproblem gelöst hatten, gelang am 6. und 7. November der entscheidende Schlag bei zwei Anhöhen, Tell esh-Sheria und Tell el-Khuweilfe, nahe der heutigen israelischen Stadt Rahat. Von den ursprünglich 17 000 Mann der ANZAC Mounted Division waren nur noch 8000 einsetzbar, die aber die türkisch-deutschen Einheiten zwangen, sich an die Küste nördlich von Gaza nach Beit Hanun zurückzuziehen. Als der Gaza-Garnison die Munition ausging, zog auch sie in der Nacht vom 6. auf den 7. November nach Norden ab.

Jerusalem

Nachdem am 8. November letzte Stellungen bei Gaza gefallen und die türkisch-deutsche Verteidigung vollständig zusammengebrochen war, lag der Weg nach Jerusalem offen. Allenby, der die für Christentum, Islam und Judentum heilige Stadt verschonen wollte, entschied sich, an der Küste entlang nach Jaffa zu marschieren, den am 16. November eingenommenen Hafen zusätzlich für den Nachschub zu nutzen und die osmanischen Truppen in Jerusalem einzuschließen. Die Osmanen ließen nicht erkennen, dass sie die überdehnte Frontlinie verkürzen wollten. Dazu hätten sie Jerusalem aufgeben und sich auf eine Linie nördlich von Jaffa bis zum Jordan im Osten zurückziehen müssen. Stattdessen bereitete sich die 7. osmanische Armee vor, die Stadt zu verteidigen.

Die Kämpfe setzten am 17. November ein. In zahlreichen heftigen Gefechten umschlossen die britischen Truppen Jerusalem, das am

9. Dezember 1917 kapitulierte. Der scheinbar ungeschützte Einzug Allenbys zu Fuß statt in motorisierter Kolonne ist zum Sinnbild seines erfolgreichen Palästinafeldzugs geworden. Das britische Satireblatt *Punch* kommentierte das Geschehen auf seine ganz eigene Weise, indem es dem Kreuzfahrer König Richard Löwenherz, der auf die Heilige Stadt Jerusalem herabblickt, die Worte »Mein Traum wird wahr« in den Mund legte.

Mossul

Nach dem Fall von Bagdad hatte Halil Pascha seine dezimierten Truppen nach Mossul zurückgezogen. Was einmal die 6. osmanische Armee gewesen war, bestand nur noch aus rund 30 000 Soldaten. General Maude hatte den Vormarsch mit der Einnahme Bagdads zunächst beendet, denn die Versorgung war immer schwieriger geworden, und die Sommerhitze ließ weitere Operationen nicht zu. Im November 1917 starb der britische Oberbefehlshaber in Bagdad an der Cholera. Sein Nachfolger William Marshall setzte die Offensive erst im Februar 1918 fort. Nach und nach konnten weitere, meist kleine Ortschaften im Norden der Provinzhauptstadt ohne viel Mühe erobert werden. Am 7. Mai gelang es dann, die größere Stadt Kirkuk einzunehmen, in der man auf hungernde Einwohner und 1300 osmanische Soldaten in zerschlissenen Uniformen mit kaum mehr tauglichen Waffen traf. Wegen des schlechten Wetters und der überdehnten Nachschubwege konnte Kirkuk jedoch nicht gehalten werden. Zur Sicherheit zogen sich die Briten zurück.

Verhandlungen über ein Ende der Kämpfe begannen im Oktober 1918. Um zusätzlichen Druck auf die Gespräche zu erzeugen, sollte Marshall vorrücken. Seine Einheiten erreichten nach nur zwei Tagen bei Kirkuk den Kleinen Zab, der gut 120 Kilometer südlich von Mossul in den Tigris mündet. Etwas nordwestlich dieser Mündung kam es bei asch-Schirqat zur letzten Schlacht des britischen Feldzugs in Mesopotamien. Die 6. osmanische Armee unter dem Befehl von Ismail Hakki Bey geriet am 30. Oktober vollständig in Gefangenschaft: Es waren noch 3000 Soldaten. Nach dem Waffenstillstand wurde im November auch Mossul kampflos besetzt.

Das britische Satireblatt *Punch* lässt Richard Löwenherz
den Sieg der Briten in Palästina kommentieren (*Punch*, 19. Dezember 1917).

Im Zuge der Eroberung Jerusalems hatten die Briten die Verwaltung der eroberten Gebiete konsolidiert und sie gegen türkisch-deutsche Angriffe von Norden verteidigt. Wie im Irak hatten auch in Palästina den ganzen Winter 1917/1918 über die Kämpfe nahezu geruht. Hart umkämpft wurden nur die Schützengräben des Jordantals.

Damaskus

Der erfolglose Falkenhayn wurde am 19. Februar 1918 durch General Liman von Sanders ersetzt. Er übernahm die bereits ausgelaugte Heeresgruppe Yıldırım. Am selben Tag begannen Allenbys Truppen einen Angriff auf Jericho, das alsbald erobert wurde. Ein Vormarsch auf Amman schlug aber fehl, weshalb der Stellungskrieg im Jordantal bis in den Sommer anhielt. Die Briten füllten ihre Einheiten mit Soldaten auf, die im Zweistromland frei geworden waren. Mit ihnen gelang der entscheidende Durchbruch in der Schlacht bei Meggido vom 19. bis 21. September. Tausende Soldaten der 7. und 8. osmanischen Armee gerieten dort in Gefangenschaft.

Nachdem sie sich den Norden Palästinas gesichert hatten, konnten die Briten nun auch über den Jordan setzen. Amman wurde am 24. September besetzt. Als letzte arabische Bastion lag nurmehr Damaskus vor Allenbys Verbänden. An deren Seite kämpften, von den Briten großzügig alimentiert, die arabischen Reiter Prinz Feisals, des jüngsten Sohns von Großsherif Hussein ibn Ali, mit Lawrence als Berater. Am 27. September nahmen diese den auf dem Weg nach Damaskus liegenden Ort Dar'a kampflos ein.

Dass sich eine Stadt mit damals etwa 150 000 Einwohnern mit den vorhandenen Kräften nicht würde verteidigen lassen, war Liman von Sanders klar. Er verlegte daher sein Hauptquartier nach Aleppo, befahl den meisten Einheiten den Rückzug und beließ nur einen Rest in Damaskus, der den feindlichen Vormarsch verzögern sollte. Lange Kolonnen türkischer und deutscher Soldaten rückten von der britischen Luftaufklärung beobachtet nach Norden ab. Allenby schätzte die verbliebene Garnison auf 40 000 Mann, die er am 30. September angreifen ließ. Aus London soll die Anweisung gekommen sein, den Streitkräften von Prinz Feisal, die am Morgen des 1. Oktober eintrafen, die Ehre zu überlassen, zuerst in die Stadt einzumarschieren. Als Erstes ritten aber wohl australische Kavalleristen in Damaskus ein. Schon im Verlauf des 1. Oktober konnte Allenby vermelden, dass die Stadt besetzt sei.

In der syrischen Metropole waren die zivile und militärische Verwaltung vollständig zusammengebrochen. Bevor Allenby und größere britische Einheiten eintrafen, proklamierten die Araber die Unabhängigkeit Syriens unter König Hussein, ein arabischer Gouverneur wurde eingesetzt und über dessen Palast die Flagge des Hedschas gehisst. In Damaskus befanden sich noch etwa 15 000 Soldaten, darunter auch Deutsche, sowie der osmanische Minister und Heerführer Cemal Pascha. Seit der Schlacht bei Meggido hatten die Briten insgesamt 47 000 Gefangene genommen, während der Kämpfe um Damaskus setzten sie noch einmal 20 000 Mann, davon 662 Offiziere, fest, die meisten erschöpft und krank.

*

Mit der Einnahme von Damaskus endeten nicht allein die Kämpfe an diesem Schauplatz des Krieges. In der Nacht des 20. Oktober schickten die Türken ihren ranghöchsten Kriegsgefangenen, den in Kut al-Amara besiegten General Townshend, in einem kleinen Motorboot nach Lesbos, wo er seinen Landsleuten den Wunsch der türkischen Regierung überbrachte, eine allgemeine Waffenruhe auszuhandeln. Die Gespräche fanden anschließend auf dem britischen Schlachtschiff »Agamemnon« vor der Insel Limnos statt. Am 30. Oktober wurde der Waffenstillstand von Moudros unterzeichnet. Der Erste Weltkrieg im Nahen Osten war zu Ende, die Region allerdings alles andere als stabil; die Gewalt hörte nicht auf. Die Hauptstadt Konstantinopel wurde im November von alliierten Truppen besetzt.

↗ Fliegerbeerdigung in Nazareth: General Liman von Sanders mit Fez (erste Reihe Mitte). 217 Gräber sind heute auf diesem Friedhof.

11 1914 bis 1918 – eine Bilanz

Das Osmanische Reich war höchst widerwillig in diesen Krieg eingetreten. Die Jungtürken hatten zunächst gehofft, Gebiete zu erobern, die dem Reich schon einmal gehört hatten, die aber vor mehr als einer Generation an Russland verloren gegangen waren. Talât Pascha hatte als Kind den Russisch-Türkischen Krieg mit dem für die Osmanen erbärmlichen Ausgang noch erlebt. Der Wunsch, diese Schmach rückgängig zu machen, einte die Türken gegen Russland und brachte sie auf die Seite der Mittelmächte. Außerdem schürte die ständige Ausdehnung des britischen Weltreichs die Angst, immer weitere Reichsteile abtreten zu müssen, ohne sich alleine auch nur ansatzweise verteidigen zu können.

Dem Deutschen Reich war der Orient Mittel zum Zweck, eigene imperialistische Ziele verfolgte Berlin dort nicht. Wirtschaftlich hatte man mit der Bagdadbahn einen Fuß in der Tür. Einen »Griff nach der Weltmacht« in Arabien gab es ansonsten nicht. Am nahöstlichen Schauplatz sollten möglichst viele Kräfte der Entente gebunden werden. Da die osmanischen Armeen das sicherstellten, war das Osmanische Reich Deutschlands gewünschter Bündnispartner, den man nicht wegen der

Armenierfrage aufgeben wollte. Mit dem Einsatz von nur etwa 32 000 eigenen Männern wurden vielleicht anderthalb Millionen alliierte Soldaten in Atem gehalten, die derweil nicht auf europäischen Schlachtfeldern eingesetzt werden konnten. Insofern ging die deutsche Strategie durchaus auf.

Für Großbritannien stand die Sicherheit Indiens, der größten und profitabelsten aller Kolonien, und die Kontrolle des Seewegs dorthin im Vordergrund. Immerhin führte der britische König auch den Titel eines *Emperor* (›Kaiser‹) *of India*. In den Jahren vor dem Weltkrieg kam das Erdöl als zusätzliche Motivation ins Spiel. In Persien und im Irak wurden auch die Interessen der aufstrebenden Ölindustrie verteidigt und deren offenkundige zukünftige Chancen erstritten. Zudem waren die Briten am Suezkanal die Angegriffenen, wie hätten sie den Kriegsschauplatz ignorieren können? Das galt auch für Russland, das am Kaukasus seinen Besitzstand verteidigte, darüber hinaus aber auch die Gelegenheit wahrnehmen wollte, das Zarenreich in Persien und Zentralasien zu erweitern.

Alle Beteiligten erfuhren schmerzlich die besonderen Schwierigkeiten, im Nahen Osten Krieg zu führen. Unwetter, die scheinbar trockene Wadis zu reißenden Sturzbächen machen; undurchdringliche Fliegenschwärme in den sumpfigen Auen des Tigris; Sandstürme, die keinen Blick über den Graben mehr erlauben; Sommerhitze über 40 °C und eisige Winter, in denen Mensch und Tier erfrieren; Schneeschmelzen, durch die eine eigentlich trockene Landschaft zum Schlammloch wird und die noch die weit entfernten Flüsse Tigris und Euphrat über ihre Ufer treten lassen, wodurch sie endloses Land unpassierbar machen; Sand bis zum Horizont, der das Ausheben von Schützengräben erschwert; flaches Gelände, das zwar rasches Vordringen ermöglicht, aus dem aber vereinzelte Hügel, Dünen oder Bauten ragen, was einen Verteidiger begünstigt; anderswo eine schroffe Bergwelt wie in Ostanatolien oder, wie an den Meerengen, steil aufragende Felsküsten, an denen eine Landung zum Himmelfahrtskommando wird.

Zu den geographischen und klimatischen Eigenheiten der Region kamen die immensen Entfernungen. Nachschub an Soldaten, Material und Verpflegung blieb in Mesopotamien bis zum Kriegsende ein Problem für beide Seiten. Die Osmanen versorgten sich aus dem Land, bis oft sowohl die Bewohner als auch die Soldaten nichts mehr zu essen hatten. Die Briten mussten alles aus Indien beibringen, zunächst über See, dann über den schwer schiffbaren Tigris und mittels Feldbahnen. Letztere ermöglichten auch im Sinai erst eine Versorgung der Truppe. Letztlich aber gelang ein Erfolg nur, wenn in Frontnähe Wasser in ausreichender Menge verfügbar war.

Immer wieder war die Kommunikation ein Problem. Dass es auf dem Schlachtfeld zwischen einzelnen Einheiten an verschiedenen Frontabschnitten Verständigungsschwierigkeiten gab, war am nahöstlichen Schauplatz zu erwarten gewesen. Außergewöhnlich waren dagegen die Entfernungen zwischen den Militärführungen in den europäischen Hauptstädten, ihren Oberbefehlshabern in den Kriegsgebieten und deren Verbindung zur kämpfenden Truppe. Häufig kam es zu Verzögerungen in den Befehlsketten oder zu Missverständnissen, weil man sich in London, Berlin oder auch Konstantinopel keine rechte Vorstellung von den Gegebenheiten vor Ort machen konnte.

Die öffentlich behauptete Waffenbrüderschaft von Deutschen und Türken krankte den ganzen Krieg über an einem offenbar unüberwindlichen starken Misstrauen gegenüber den vermuteten oder durchschauten Absichten des Anderen. Als Aufsicht war jedem deutschen ein osmanischer Offizier beigegeben. Letzte Entscheidungen lagen in osmanischer Hand, und häufig fielen Beschlüsse erst im Zentrum der Macht, wenn etwa Enver, Cemal oder Talât das Heft in die Hand nahmen. Die deutsche Militärführung fügte sich stets – bis hin zur Abberufung einzelner Kommandeure.

Für die osmanische Armee kamen Probleme durch die mangelhafte Ausbildung und Ausrüstung der Soldaten hinzu. Das konnte auch die deutsche Militärmission nicht ausgleichen, für die im Januar des letzten Kriegsjahres 7332 Personen, davon fast zehn Prozent Offiziere, in der Türkei tätig waren. Die Lieferung von Kriegsgerät im Wert von ca. 850 Millionen und Kriegskredite in Höhe von fünf Milliarden Mark verbesserten zwar die Situation, die Kriegsgegner verfügten aber über die größeren Ressourcen.

Im Verhältnis der Bündnispartner spielte außerdem die Sprachbarriere eine wichtige Rolle. Kaum ein deutscher Offizier – von der Goltz war eine Ausnahme – sprach Türkisch oder verfügte sonst über irgendeine interkulturelle Kompetenz. Tagebücher und Feldpostbriefe zeugen von einem außerordentlichen Mangel an Wissen über den Nahen Osten und seine Menschen sowie von einer überheblichen europäischen Borniertheit. Darin standen ihnen britische Politiker, Offiziere und Soldaten im Verhältnis zu den Osmanen und Arabern, in mancher Hinsicht sogar gegenüber ihren indischen Kameraden oder den Soldaten des ANZAC keineswegs nach.

Das führt zu einem weiteren Phänomen der Kriegführung im Nahen Osten. Desertionen gibt es in jedem Krieg. Auch die britischen Streitkräfte hatten mit fahnenflüchtigen indischen Soldaten zu kämpfen, vor allem, wenn sie islamischen Glaubens waren. In der osmanischen Armee nahmen Desertionen aber ein Ausmaß an, das ihre Leistungsfähigkeit einschränkte. Aus türkischen Quellen lässt sich schätzen, dass bis zum Sommer 1918 mehr als eine halbe Million Soldaten desertierten. Angesichts der während des Krieges eingesetzten rund 2 900 000 Männer ist das eine Desertionsrate von fast 17 Prozent. Das Fortlaufen war für die türkischen Männer das einzige Mittel des Widerstands gegen eine häufig zwangsweise erfolgte Rekrutierung und die oft schlechte Menschenführung durch Vorgesetzte in der Armee. Angesichts der ethnischen, sozialen und wirtschaftlichen Lage im Osmanischen Reich sowie des Kriegsverlaufs war Flucht eine nachvollziehbare Reaktion.

Zahlenangaben zu Truppenstärken, Verlusten oder Toten sind nach Kriegen grundsätzlich mit großen Unwägbarkeiten verbunden. Das betrifft den Ersten Weltkrieg allgemein und seinen nahöstlichen Nebenschauplatz im Besonderen. Wer ist Kombattant gewesen, wer Freischärler? Wie viele reguläre Soldaten gab es, wie viele armenische Freiwillige? Wie viele persische und arabische Reiter auf dieser und jener Seite? Wie viele zivile Opfer forderten Krankheiten und Hunger?

Man schätzt, dass im Osmanischen Reich während des Ersten Weltkriegs zwischen 3 und 5 Millionen Menschen zu Tode kamen, davon rund 800 000 Soldaten. Bei einer Einwohnerzahl des Osmanischen Reichs von kaum 22 Millionen im Jahr 1914 starb also mindestens jeder siebte, vielleicht sogar jeder vierte einen gewaltsamen Tod. Zum Vergleich: In Serbien traf es jeden zwölften, in Frankreich nur jeden 28. Einwohner.

1922 veröffentlichten die türkischen Behörden eine Statistik, wonach es 325 000 tote und 400 000 verwundete Soldaten gegeben habe. Moderne Schätzungen anhand türkischer Quellen unterscheiden sich davon gravierend.

mobilisierte Soldaten	2 873 000
gefallen	175 220
vermisst	61 487
verwundet/verstorben	68 378
krank/verstorben	466 759
verwundet	763 753
gefangen	145 104
desertiert	500 000
Quelle: Erickson (2001), S. 211	

Die militärischen Verluste der Briten, Russen und ihrer Alliierten werden heute auf mehr als eine Million Soldaten geschätzt (250 000 an Euphrat und Tigris, 140 000 im Kaukasus, 300 000 an den Dardanellen, 600 000 am Suezkanal, bei Gaza und in Palästina). Die meisten Opfer fielen aber nicht im Gefecht. Auf dem nahöstlichen Kriegsschauplatz war nur einer von zehn Toten ein Opfer der Kampfhandlungen. Die anderen starben an Krankheiten, Entbehrungen oder Kälte.

Im November 1918 befanden sich noch 13 500 deutsche und 1500 österreichische Soldaten im Osmanischen Reich, die unter Liman von Sanders' Befehl bis Ende Januar 1919 repatriiert wurden. Der General selbst wurde auf Malta interniert. Über die Verluste des deutschen Expeditionsheeres ist nicht viel bekannt. Die Briten geben 3000 gefangene Deutsche und Österreicher an. Die Deutsche Kriegsgräberfürsorge zählt 1048 Gräber aus der Zeit des Ersten Weltkriegs zwischen Istanbul und Bagdad. Deutsche Gefallene wurden in der Türkei, im Libanon, in Jordanien und Israel, in Syrien und Irak begraben.

↗ Die Landkarte »Ana Vatan« (Vaterland) aus dem Jahr 1927 feiert die nationale Einheit der Türkei und ihren Staatsgründer Atatürk.

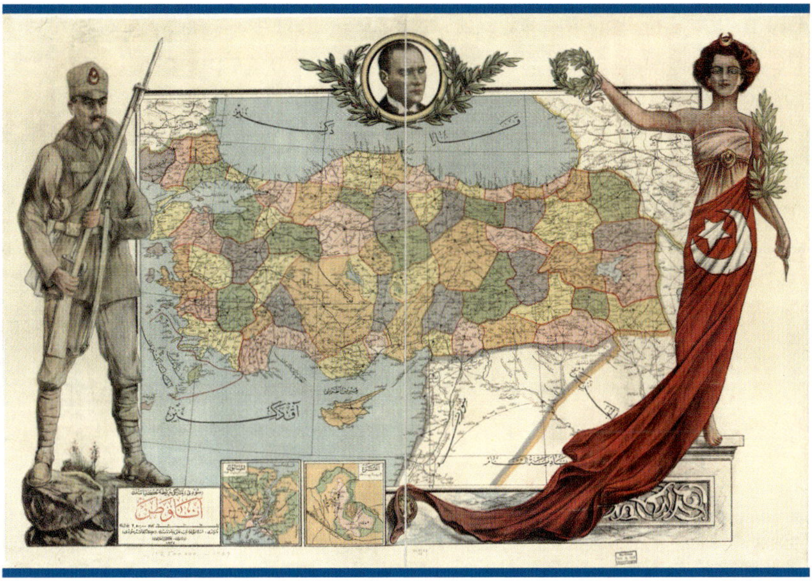

12 1918 und die Folgen

Die einzelnen Fronten, ja der ganze Krieg im Nahen Osten, waren nur ein Nebenschauplatz des großen Ringens in Europa. Im Rahmen des Ersten Weltkriegs kam den Kämpfen in Anatolien, Palästina, dem Irak und selbst der vielleicht bekanntesten einzelnen Operation, der Landung auf der Halbinsel Gallipoli, nur nachrangige Bedeutung zu. Die Konsequenzen für die ganze Region waren allerdings umso gravierender.

Die kurze kaukasische Freiheit

Krieg und Revolution ließen das Russische Reich implodieren. Schon nach der Februarrevolution übernahm zwischen Schwarzem und Kaspischem Meer ein »Besonderes Transkaukasisches Komitee« aus gemäßigten Revolutionären, den Menschewiki, die Regierungsfunktionen. Nachdem sich im Oktober 1917 die Revolution radikalisiert hatte, verweigerten die kaukasischen Räte den Bolschewiki ihre Gefolgschaft. Aserbaidschaner, Armenier und Georgier bildeten am 11. November

1917 in Tiflis eine gemeinsame Regierung, das Transkaukasische Kommissariat. Vordergründig hielten sie an einem vereinten Russland fest, tatsächlich bereiteten sie schon die regionale Unabhängigkeit vor.

Im Friedensvertrag von Brest-Litowsk verpflichteten sich die neuen bolschewistischen Herrscher in Petrograd, die Regionen des Transkaukasus in die Unabhängigkeit zu entlassen. In Tiflis trat ein Parlament zusammen, und am 22. April 1918 wurde die Transkaukasische Demokratisch-Föderative Republik verkündet. Man sprach Georgisch, Armenisch und Aserbaidschanisch und zahlte mit dem Transkaukasischen Rubel. Doch der neue Staat sollte nur von kurzer Dauer sein. Militärisch setzten die Osmanen ihre Interessen durch und nahmen im April 1918 das georgische Batumi ein, später auch Baku in Aserbaidschan.

Noch während die Georgier gemeinsam mit den anderen Transkaukasiern und den Osmanen über einen Frieden verhandelten, orientierten sie sich neu. Für Vorteile bei Rohstofflieferungen war das Deutsche Reich bereit, einen souveränen georgischen Staat anzuerkennen und gegen ihren osmanischen Verbündeten zu beschützen. Der russische Zusammenbruch hatte das Rohöl vom Kaspischen Meer erreichbar werden lassen, diesen Zugriff wollte sich Berlin nun sichern. Wie gut, dass die Sprengkommandos, die man 1914 ausgesandt hatte, so eklatant versagt hatten!

Ende Mai 1918 war es mit der transkaukasischen staatlichen Gemeinsamkeit schon wieder vorbei. Am 26. riefen die Georgier ihre eigene Republik aus, zwei Tage später folgten die Armenier und Aserbaidschaner. Am 28. Mai schlossen Deutschland und Georgien in Poti eine Vereinbarung, die dem neuen Staat deutschen Schutz gegen äußere Feinde garantierte. Zu diesem Zweck entsandte die deutsche Militärführung einen schwachen Verband vornehmlich bayerischer Soldaten, angeführt vom in Palästina abgelösten Friedrich Kreß von Kressenstein. Die anfangs 3000, im Frühherbst 1918 dann 13 000 Mann zählende Kaukasusexpedition erreichte Poti von der Krim aus am 8. Juni, Tiflis zwei Tage später. Bilder zeigen eine gemeinsame deutsch-georgische Parade in der Hauptstadt. Bevor jedoch der Streit mit dem türkischen Bündnispartner über das militärische Engagement in Georgien und die wirtschaftlichen Interessen in der Region aus dem Ruder lief, stoppte Berlin das Unternehmen und rief die Soldaten des Expeditionskorps am 21. Oktober zurück.

Deutsche und georgische Offiziere im Kaukasus: Im Herbst 1918 entsandte das Deutsche Reich eine militärische Expedition, um das unabhängige Georgien zu stützen.

Die Nachfolgestaaten des transkaukasischen Bundes, die Demokratischen Republiken Armenien, Georgien und Aserbaidschan, wurden 1920 von der Roten Armee okkupiert. Als Transkaukasische Sozialistische Föderative Sowjetrepublik wurden sie Teil der Sowjetunion.

Die Entwicklung der Türkei bis zur Gründung der Republik

Es waren nicht allein die verlorenen Schlachten in Palästina oder Mesopotamien gewesen, die zur Niederlage des Osmanischen Reichs geführt hatten. Nach dem Zusammenbruch Bulgariens, neben Deutschland und Österreich der vierte Bündnispartner, bedrohten britische Verbände den kleinen Rest türkischen Staatsgebiets auf europäischem Boden und die Hauptstadt des Reichs. Die Gefahr eines Angriffs auf Konstantinopel ließ die osmanischen Militärs über ein Ende der Kämpfe verhandeln.

Nach dem Waffenstillstand von Moudros besetzten die Sieger die Metropole am Bosporus und zahlreiche zentrale Orte; Frankreich und Großbritannien kontrollierten die arabischen Provinzen; Frankreich und Italien nahmen sich Land im Südosten und Südwesten (Antalya) Kleinasiens; Griechenland marschierte in Westanatolien ein, wobei in Izmir muslimische Zivilisten in großer Zahl umgebracht wurden. Das jungtürkische Triumvirat war geflohen, und das Vielvölkerreich der Osmanen zerfiel.

Im verbliebenen Rest des Reiches herrschten zeitweise zwei konkurrierende Regierungen: eine den Siegern willfährige unter dem neuen Sultan Mehmed VI. in Konstantinopel/Istanbul und eine widerständige in Ankara, in der General Mustafa Kemal die führende Rolle spielte.

Der türkische Widerstand gegen die rücksichtslose Teilungspolitik der Siegermächte gipfelte in einer im April 1920 nach Ankara einberufenen Nationalversammlung, deren Vorsitzender Kemal wurde. Die Regierung in Ankara erkannte den von der Regierung des Sultans am 10. August unterzeichneten Friedensvertrag von Sèvres nicht an. Dieser Vertrag war der letzte der Pariser Vorortverträge, mit denen der Erste Weltkrieg auch formal beendet werden sollte. Er teilte das Osmanische Reich in Besatzungs- und Einflusszonen der siegreichen Entente auf. Ein unabhängiger Staat Armenien reichte nun in Ostanatolien von Trabzon bis zum Vansee. Briten und Franzosen richteten sich in Irak, Palästina, Syrien und Libanon ein. Den Griechen wurden ihre Erobe-

Mustafa Kemal (1881–1936) mit seinem Stab 1921/22: mit dem Beinamen »Atatürk« (›Vater der Türken‹) wurde er 1923 erster Staatspräsident der Türkischen Republik.

rungen bestätigt. Ein Vergleich mit dem Versailler Vertrag liegt nahe. Dessen Bestimmungen für das Deutsche Reich waren sicherlich hart, aber sie rührten – anders als der Vertrag von Sèvres – in keinem Punkt an das Existenzrecht als Nation.

Die direkte Folge war deshalb keineswegs Frieden, sondern ein anderthalb Jahre hartnäckig geführter Krieg der Türken gegen die Griechen. Der Tag des Sieges in der letzten Schlacht bei Alıören, der 30. August 1922, gilt in der Türkei seither als gesetzlicher Feiertag. Innenpolitisch setzte Kemal seine militärischen Erfolge um, indem er den Sultan und dessen Regierung Anfang November 1922 absetzte. Mehmed VI. ging ins britische Exil nach Malta. Auch außenpolitisch konnte Kemal die Türkei erfolgreich positionieren: Die Siegermächte gaben nach und verhandelten ab Ende November die Revision des Vertrags von Sèvres. Im Vertrag von Lausanne, der am 24. Juli 1923 unterzeichnet wurde, erhielt die Türkei ihre heutige territoriale Gestalt. Ihre neue Hauptstadt wurde am 13. Oktober 1923 Ankara; am 29. Oktober wurde die Türkische Republik ausgerufen. Mustafa Kemal wurde ihr erster Staatspräsident.

Ein armenischer Staat in Ostanatolien wurde nun nicht mehr geschaffen. Die Griechen, Franzosen und Italiener mussten das kleinasiatische Festland wieder verlassen. Griechenland durfte dafür seine heutigen Regionen Westthrakiens behalten, Italien einige Inseln in der Ägäis. Die Türkei verzichtete auf alte osmanische Rechte in Ägypten, im Sudan sowie in Libyen und akzeptierte die britische Annexion Zyperns.

Der Vertrag von Lausanne forderte einerseits einen Minderheitenschutz, der sich an religiösen und ethnischen Merkmalen orientierte. Andererseits billigte er die bereits geschehenen Vertreibungen der Griechen aus Izmir und setzte einen gewaltigen Bevölkerungsaustausch zwischen Griechenland und der Türkei in Gang. Die Zwangsumsiedlungen und Vertreibungen der Folgejahre trafen rund 1,6 Millionen Menschen (1,2 Millionen anatolische Griechen und 400 000 Muslime in Griechenland).

Eine neue Ordnung für den Nahen Osten

An der Erweiterung der britischen und französischen Kolonialreiche in Arabien hatte der Vertrag von Lausanne nicht mehr gerüttelt. Wie die osmanischen Gebiete Nordafrikas war Arabien für die Türkei endgültig verloren. An die Stelle der osmanischen Herrschaft trat nun der Imperialismus westlicher Mächte. Sie schufen sich die arabische Welt nach ihrem Willen in Form von Völkerbundmandaten, scheinselbstständigen Königreichen, Protektoraten und Kolonien. Auf diese Weise blieben innerarabische Gegensätze ungelöst, was wiederum die Anwesenheit von Briten und Franzosen rechtfertigte. Es war ein kolonialpolitischer Zirkelschluss, der Bestand hatte, bis sich die durch ihren Ölreichtum selbstbewusster gewordenen arabischen Staaten diesem Einfluss widersetzten.

In nur geringer Abwandlung des Sykes-Picot-Abkommens teilten sich 1920 Frankreich und Großbritannien großzügig Mandate in Syrien und im Libanon, in Palästina und Transjordanien zu. Im Jahr darauf wurden Feisal, der Damaskus miterobert hatte, in Bagdad und sein Bruder Abdullah in Amman als Könige Iraks und Transjordaniens instal-

Premierminister Arthur James Balfour (1848–1930)

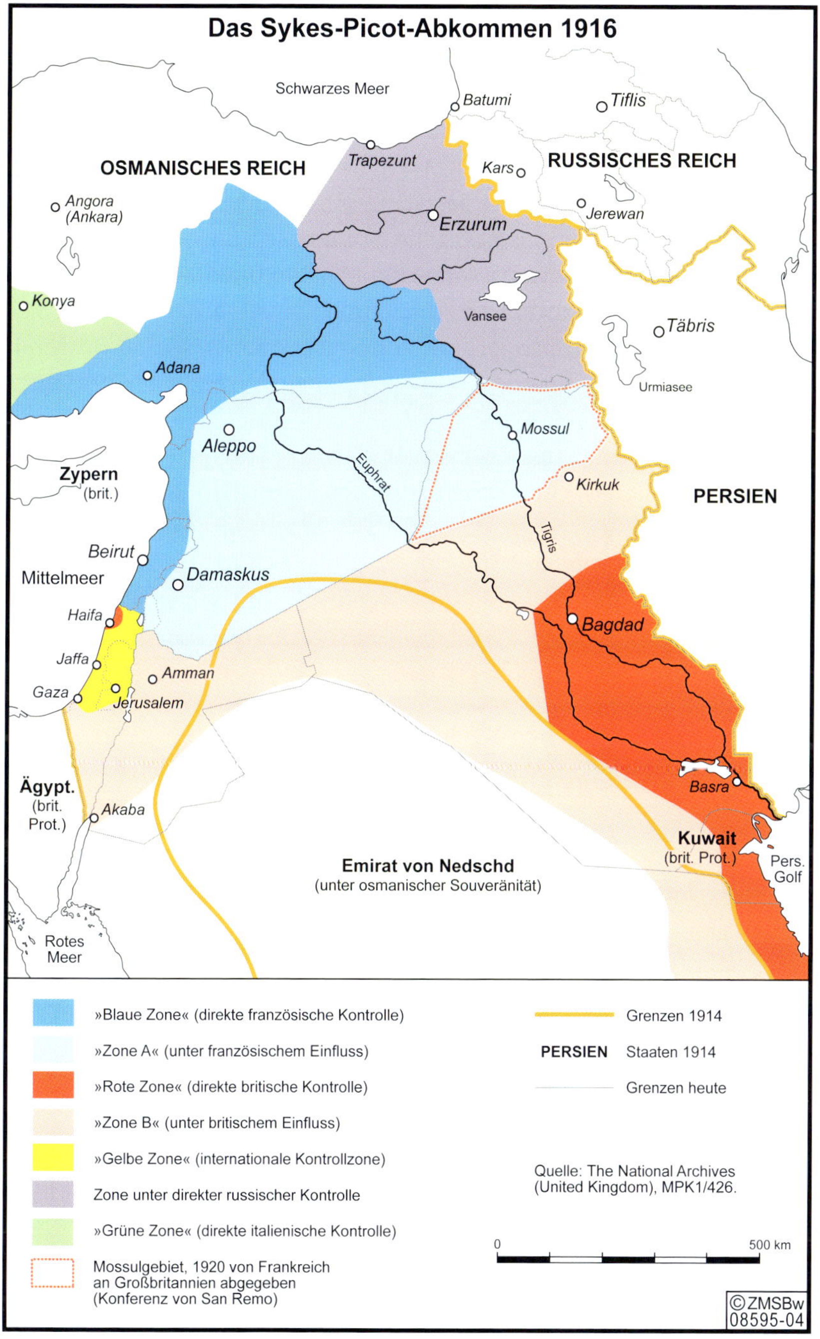
Das Sykes-Picot-Abkommen 1916
Schwarzes Meer
Batumi
Tiflis
Trapezunt
OSMANISCHES REICH
Kars
RUSSISCHES REICH
Angora
(Ankara)
Erzurum
Jerewan
Konya
Vansee
Täbris
Adana
Urmiasee
Mossul
Aleppo
Zypern
(brit.)
Euphrat
Kirkuk
PERSIEN
Tigris
Beirut
Mittelmeer
Damaskus
Haifa
Bagdad
Jaffa
Amman
Gaza
Jerusalem
Basra
Ägypt.
(brit.
Prot.)
Akaba
Kuwait
(brit. Prot.)
Pers.
Golf
Emirat von Nedschd
(unter osmanischer Souveränität)
Rotes
Meer
»Blaue Zone« (direkte französische Kontrolle)
»Zone A« (unter französischem Einfluss)
»Rote Zone« (direkte britische Kontrolle)
»Zone B« (unter britischem Einfluss)
»Gelbe Zone« (internationale Kontrollzone)
Zone unter direkter russischer Kontrolle
»Grüne Zone« (direkte italienische Kontrolle)
Mossulgebiet, 1920 von Frankreich
an Großbritannien abgegeben
(Konferenz von San Remo)
Grenzen 1914
PERSIEN Staaten 1914
Grenzen heute
Quelle: The National Archives
(United Kingdom), MPK1/426.
0
500 km
©ZMSBw
08595-04

liert. Ihr Vater Hussein ibn Ali konnte seine Stellung als König des Hedschas dagegen nicht behaupten. Er unterlag 1924 Abd al-Aziz ibn Saud, dem Begründer des saudischen Königshauses. Einige ursprünglich osmanische Besitztümer am westlichen Ufer des Persischen Golfs wurden von Saudi-Arabien annektiert, Kuwait, Bahrain und Katar blieben britische Protektorate. Im Jemen herrschte ein islamischer Geistlicher als König. Formal waren zumindest die Königreiche unabhängig, die tatsächliche Macht übte aber ein britischer Hochkommissar aus.

Westlich des Jordanflusses erhielt 1923 Palästina den Status eines Mandatsgebietes. Auch in Jerusalem herrschte ein britischer Beamter. Auf dem Höhepunkt der kriegerischen Auseinandersetzungen des Jahres 1917 hatte der britische Außenminister Arthur James Balfour der Zionistischen Weltorganisation das »Wohlwollen« bekundet, mit dem seine Regierung »die Errichtung einer nationalen Heimstätte für das jüdische Volk in Palästina« betrachte. Im Laufe der Zeit wurde die in der »Balfour-Erklärung« versprochene Förderung und der Schutz des zionistischen Projekts die wesentliche Rechtfertigung für die britische Präsenz in Palästina. Nach dem Zweiten Weltkrieg wurde die Unabhängigkeit Israels genau gegen diese Präsenz erstritten.

Ungelöste Probleme bis heute

Nach dem Ende des Ersten Weltkriegs war der Nahe Osten von Unfreiheit und Gewalt geprägt. Den Kolonialmächten folgten Diktaturen. Durch den raschen technischen Wandel sowie den in der Region und innerhalb der Staaten ungleich verteilten Reichtum traten politische, religiöse und soziale Verwerfungen auf, die wiederum in Gewalt mündeten. Dass um die jeweils eigene nationale Identität bis heute gerungen wird, ist das schwierige Erbe des osmanischen Vielvölkerreichs und des darauffolgenden 25-jährigen Kolonialsystems. Fragen der territorialen Integrität und der staatlichen Einheit sind immer noch ungelöst – von den kargen Felsen des Jemen bis nach Berg Karabach, von der libyschen Wüste bis zum Chaiberpass in Afghanistan. Und nur im heutigen Staat Israel konnte sich eine stabile Demokratie entwickeln.

Die Grenzen der Mandatsgebiete und der neu entstandenen Staaten waren von den Interessen der Siegermächte des Weltkriegs bestimmt

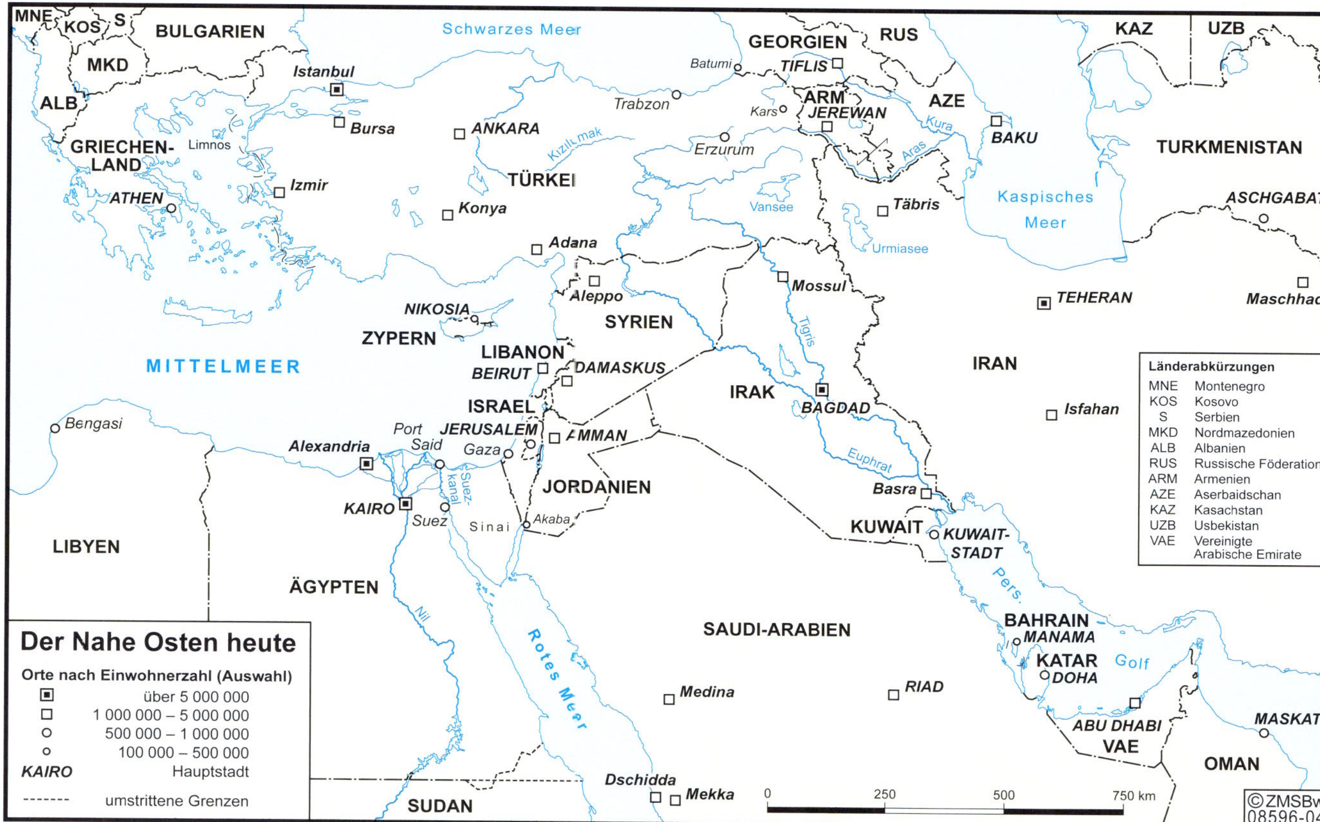

Der Nahe Osten heute
Orte nach Einwohnerzahl (Auswahl)
über 5 000 000
1 000 000 – 5 000 000
500 000 – 1 000 000
100 000 – 500 000
KAIRO Hauptstadt
umstrittene Grenzen
Länderabkürzungen
MNE Montenegro
KOS Kosovo
S Serbien
MKD Nordmazedonien
ALB Albanien
RUS Russische Föderation
ARM Armenien
AZE Aserbaidschan
KAZ Kasachstan
UZB Usbekistan
VAE Vereinigte Arabische Emirate
MNE
KOS
S
BULGARIEN
MKD
ALB
GRIECHEN-LAND
Limnos
ATHEN
Istanbul
Bursa
Izmir
ANKARA
Konya
TÜRKEI
Kizilirmak
Schwarzes Meer
Trabzon
Batumi
Erzurum
Kars
GEORGIEN
TIFLIS
ARM
JEREWAN
RUS
AZE
Kura
Aras
BAKU
Kaspisches Meer
KAZ
UZB
TURKMENISTAN
ASCHGABAT
Maschhad
TEHERAN
Täbris
Urmiasee
Vansee
Adana
Aleppo
SYRIEN
Mossul
Tigris
NIKOSIA
ZYPERN
MITTELMEER
LIBANON
BEIRUT
DAMASKUS
ISRAEL
JERUSALEM
AMMAN
Gaza
Port Said
Alexandria
KAIRO
Suez
Suez-kanal
Sinai
Akaba
JORDANIEN
IRAK
BAGDAD
Euphrat
Basra
IRAN
Isfahan
KUWAIT
KUWAIT-STADT
Pers. Golf
BAHRAIN
MANAMA
KATAR
DOHA
ABU DHABI
VAE
OMAN
MASKAT
SAUDI-ARABIEN
RIAD
Medina
Mekka
Dschidda
Rotes Meer
Nil
Bengasi
LIBYEN
ÄGYPTEN
SUDAN
0 250 500 750 km
©ZMSBw 08596-04

gewesen. Jene Nationen nahmen keinerlei Rücksicht auf die Wünsche der Bevölkerungen oder auf die wirtschaftlichen und kulturellen, ja oft nicht einmal auf die geographischen Gegebenheiten in der Region. Die »Künstlichkeit« der Grenzen verhinderte aber nicht, dass diesen im Laufe der Zeit seit 1918 ein sehr fester Charakter zugeschrieben wurde: Das heutige Logo der Hamas zeigt ausgerechnet die von den Briten festgelegten Grenzen.

Gleichzeitig sind die Grenzverläufe im Nahen Osten bis heute immer wieder umstritten geblieben: Saddam Hussein beanspruchte Kuwait als irakisch, die Türkei hätte gern einen Sicherheitsstreifen in Nordsyrien, die Kurden fordern einen eigenen Staat, Israel und die Palästinenser streiten entlang einer Mauer um Ein- oder Zweistaatenlösungen. Und im Kaukasus streiten sich Armenier und Aserbaidschaner um ein Stückchen Land, über das sie sich schon 1919 nicht einigen konnten.

Der Nahe Osten ist über Generationen hinweg von einer kollektiven Gewalterfahrung geprägt. Auch die Kriegsjahre 1914 bis 1918 waren für die Zivilbevölkerung eine Zeit des Leidens. Abertausende junger Männer wurden in den Militärdienst gezwungen, Hunderttausende Zivilisten starben durch Krankheiten und Hunger. Hinzu kamen die militärischen und politischen Auseinandersetzungen der langen Nachkriegszeit: von den Aufständen gegen die Kolonialherren über Kriege gegen Israel und untereinander bis zum »Arabischen Frühling« im 21. Jahrhundert. Es ist kaum zu widerlegen, dass diese Erfahrungen das Verhältnis zur Gewalt und zu ihrem Gebrauch nachhaltig beeinflusst haben. Insgesamt entsteht der Eindruck einer Allgegenwart der Gewalt, die den Einzelnen zu einer übermächtigen und abermals aggressiven Wachsamkeit zwingt.

Das Osmanische Reich war in geopolitischer, kultureller und ideologischer Hinsicht der führende islamische Staat, der Sultan-Kalif das geistliche Oberhaupt des Islam gewesen. Das Osmanische Reich zerfiel, das Kalifat wurde 1924 abgeschafft. Die Umbrüche, die der Erste Weltkrieg im Nahen Osten verursachte, radikalisierten nicht nur die arabische Unabhängigkeitsbewegung. Zugleich wurden auch die ideologischen Grundlagen für den radikal politisierten Islam gelegt, den man heute als Islamismus bezeichnet. Heute konkurrieren in Gestalt von Saudi-Arabien, Iran und der Türkei gleich mehrere regionale Mächte um die Stellung einer islamischen Vormacht.

Anhang

Zeittafel

1882

1882	Britische Eroberung Ägyptens

1908

1908	Jungtürkische Revolution im Osmanischen Reich

1912/1913

1912/1913	Balkankriege
1913	Militärputsch unter Führung Enver Paschas, Triumvirat mit Talât und Cemal
14. Dezember 1913	Ankunft der Deutschen Militärmission in Konstantinopel

1914

1. August	Deutsche Kriegserklärung an Russland
2. August	1. Deutsch-Türkischer Bündnisvertrag, Kriegsrecht im Osmanischen Reich
3. August	Osmanische Mobilmachung und Neutralität
10. August	»Goeben« und »Breslau« im Bosporus
29. Oktober	Osmanische Marine beschießt russische Häfen im Schwarzen Meer
2. November	Russische Kriegserklärung an das Osmanische Reich
5. November	Britische und französische Kriegserklärungen an das Osmanische Reich
6. November	Britische Landung bei Fao am Schatt al-Arab
7. November	Beginn der osmanischen Winteroffensive im Kaukasus
14. November	Deklaration des »Heiligen Kriegs« in Konstantinopel

23. November	Eroberung von Basra durch die Briten
22. Dezember	Schlacht bei Sarıkamış, bis Januar 1915

1915

11. Januar	2. Deutsch-Türkischer Bündnisvertrag
26. Januar	Osmanischer Angriff auf den Suezkanal, bis 4. Februar
12. April	Osmanische Attacke auf Basra, osmanische Niederlage und britische Offensive auf Bagdad
20. April	Beginn der russischen Offensive im Kaukasus, bis September 1916, armenischer Aufstand in Van
24. April	Verbot armenischer politischer Organisation
25. April	Alliierte Landung auf der Halbinsel Gallipoli, Kämpfe bis Jan. 1916
27. Mai	Erlass zur Deportation der Armenier im Südosten der Türkei
22. November	Schlacht bei Ktesiphon, bis 25. November, britischer Rückzug
3. Dezember	Einschließung britischer Truppen in Kut al-Amara, Belagerung bis 29. April 1916

1916

6. Januar	Schlacht bei Shayk Sa'd, bis 10. Januar
13. Januar	Schlacht im Wadi Kelal
5. März	1. Schlacht bei Kut al-Amara
16. Mai	Unterzeichnung des britisch-französischen Sykes-Picot-Abkommens über die Aufteilung des Nahen Ostens
5. Juni	Beginn der Arabischen Revolte

1917

23. Februar	2. Schlacht bei Kut al-Amara und Eroberung der Stadt durch die Briten

8. März	Russische Februarrevolution, Abdankung des Zaren
11. März	Eroberung von Bagdad
26. März	1. Schlacht um Gaza
17. April	2. Schlacht um Gaza, bis 19. April
1. November	3. Schlacht um Gaza, bis 7. November
7. November	Russische Oktoberrevolution
16. November	Eroberung von Jaffa
5. Dezember	Türkisch-Russischer Waffenstillstand von Erzincan
9. Dezember	Eroberung von Jerusalem

1918

3. März	Frieden von Brest-Litowsk
Frühjahr	Osmanische Rückeroberung des Kaukasus
15. September	Eroberung von Baku durch die Osmanen
19. September	Schlacht bei Meggido, bis 21. September
24. September	Eroberung von Amman
1. Oktober	Eroberung von Damaskus
30. Oktober	Waffenstillstand von Moudros
11. November	Waffenstillstand von Compiègne, Ende des Ersten Weltkriegs

1919

10. August	Frieden von Sèvres, in der Folge türkischer Befreiungskrieg bis 1923

1923

24. Juli	Frieden von Lausanne
29. Oktober	Ausrufung der Türkischen Republik

Literaturhinweise

Aksakal, Mustafa: The Ottoman Road to War in 1914. The Ottoman Empire and the First World War. Cambridge 2008.

– »Holy War Made in Germany«? Ottoman Origins of the 1914 Jihad. In: War in History 18. S. 184–199.

Demm, Eberhard: Censorship and Propaganda in World War I. A Comprehensive History. London, New York 2019.

Erickson, Edward J.: Ordered to Die. A History of the Ottoman Army in the First World War. Westport 2001.

Guse, Felix: Die Kaukasusfront im Weltkrieg. Leipzig 1940.

Hart, Peter: Gallipoli. London 2011.

Höpp, Gerhard: Muslime in der Mark. Als Kriegsgefangene und Internierte in Wünsdorf und Zossen. Berlin 1997.

Hosfeld, Rolf: Tod in der Wüste. Der Völkermord an den Armeniern. München 2015.

Kreß von Kressenstein, Friedrich Freiherr von: Mit den Türken zum Suezkanal. Berlin 1938.

Krethlow, Carl Alexander: Bagdad 1915/17. Weltkrieg in der Wüste. Paderborn 2018.

Kröger, Martin: Revolution als Programm. Ziele und Realität deutscher Orientpolitik im Ersten Weltkrieg. In: Wolfgang Michalka (Hrsg.): Der Erste Weltkrieg. Wirkung, Wahrnehmung, Analyse. München, Zürich 1994. S. 366–391.

– Im wilden Kurdistan – Die militärische Expedition in der Osttürkei 1914–1916. In: Wilfried Loth, Marc Hanisch (Hrsg.): Erster Weltkrieg und Dschihad. Die Deutschen und die Revolutionierung des Orients. München 2014. S. 145–165.

Krug, Samuel: Die »Nachrichtenstelle für den Orient« im Kontext globaler Verflechtungen (1914–1921). Bielefeld 2020.

Machalett, Gerd / Finke, Ernst-Jürgen: Die medizinische Versorgung der Deutschen Militärmission in Vorderasien 1914 – 1918. In: Wehrmedizinische Monatsschrift 59 (2015). S. 248–258.

Mark, Rudolf A.: Krieg an fernen Fronten. Die Deutschen in Russisch-Turkestan und am Hindukusch 1914–1924. Paderborn 2013.

Mühlmann, Carl: Das deutsch-türkische Waffenbündnis im Weltkrieg. Leipzig 1940.

Neulen, Hans Werner: Feldgrau in Jerusalem. Das Levantekorps des kaiserlichen Deutschland. Berlin 1991.

– Adler und Halbmond. Das deutsch-türkische Bündnis 1914–1920. Berlin 1994.

Rogan, Eugene: The Fall of the Ottomans. The Great War in the Middle East. New York 2015. (Dt.: Der Untergang des Osmanischen Reichs. Der Erste Weltkrieg im Nahen Osten 1914–1920. Darmstadt 2021.)

Thorau, Peter: Lawrence von Arabien. Ein Mann und seine Zeit. München 2010.
Trumpener, Ulrich: Germany and the Ottoman Empire 1914–1918. Princeton, NJ, 1968.
Veltzke, Veit: Unter Wüstensöhnen. Die deutsche Expedition Klein im Ersten Weltkrieg. Berlin 2015.
Wallach, Jehuda L.: Anatomie einer Militärhilfe. Die preußisch-deutschen Militärmissionen in der Türkei 1835–1919. Düsseldorf 1976.
Will, Alexander: Kein Griff nach der Weltmacht. Geheime Dienste und Propaganda im deutsch-österreichisch-türkischen Bündnis 1914–1918. Köln 2012.

Abbildungsnachweis

akg-images: 19 Interfoto; 24; 31.1; 57; 60; 79 Heritage-Images / The Print Collector; 97 Pictures From History; 100 Pictures From History; 102 Pictures From History; 115 World History Archive; 116; 142
Alamy Stock Foto: 7
Bayrisches Armeemuseum, Ingolstadt: 43
Bundesarchiv Bild, Koblenz: 62 Bild 146-1995-051-33
Deutsches Generalkonsulat, Istanbul: 17
imago images: 15 Danita Delimont; 27 UIG; 53 United Archives International; 65 United Archives
Max Freiherr von Oppenheim Stiftung, Köln: 45
Picture alliance: 35 WZ-Bilddienst; 54 WZ-Bilddienst
Politisches Archiv des Auswärtigen Amts, Berlin: 8 Nl Hentig, 28; 22 Nl Holzhausen, 15; 47 R1532; 51 R 21127; 73 RAV 128, 943; 105 Nl Holzhausen, 16; 109 Nl Holzhausen, 15; 110/111 Nl Holzhausen, 16; 112 Nl Holzhausen, 16; 120 Nl Holzhausen, 15; 123 Nl Holzhausen, 15; 133 Nl Holzhausen, 15
Punch Cartoons: 129 Punch Limited (Bernard Partridge Cartoons)
Stiftung Bibliotheca Afghanica – Afghanistan-Institut und Archiv, Bubendorf (Schweiz): 50
Süddeutsche Zeitung Photo: 28 IMAGNO/Archiv Jontes/Süddeutsche Zeitung Photo; 31.2; 32/33 United Archives/TopFoto; 36/37 Scherl; 68 Scherl; 78 Scherl; 87 Rue des Archives; 124 Sammlung Berliner Verlag; 141 Scherl; 144 Rue des Archives/Tallandier
ullstein bild: 83

Personenregister

Generallegende

Größenordnungszeichen

XXXX	Armee
XXX	Korps
XX	Division
X	Brigade

Truppengattung/Zusatzzeichen

	Kavallerie-
	Artillerie-
(–)	vermindert
Tle.	Teile

Konfliktparteien

- Briten
- Australier/Neuseeländer
- Franzosen
- Russen
- Osmanen/Deutsche

Abkürzungen

ALB.	Albanien
AMD	Australian Mounted Division (berittene australische Division)
ANZAC	Australian and New Zealand Army Corps (australisches und neuseel. Armeekorps)
brit.	britisch
C.F.	Composite Force (zusammengesetzte Division)
DC	Desert Column (britische »Wüsten-Kolonne«)
Div.	Division
DMC	Desert Mounted Division (berittene »Wüsten-Division«)
EEF	Egyptian Expeditionary Force (Ägyptische Expeditions-Streitmacht)
EF	Eastern Force (nach der 2. Gaza-Schlacht XX. Korps)
Exp.	Expeditions-(korps)
HMS	His/Her Majesty`s Ship (Seiner/Ihrer Majestäts Schiff)
IMD	Imperial Mounted Division (berittene brit. Division)
ind.	indisch
ital.	italienisch
kauk.	kaukasisch
Kav.	Kavallerie
M.	Montenegro
osman.	osmanisch
Prot.	Protektorat
R.	Reserve
SERB.	Serbien
Sh.	Sheikh (kleinste Orte)
Tell	Hügel
Tle.	Teile
turk.	turkmenisch
W.	Wadi
YMD	Yeomanry Mounted Division (berittene brit. Division)

Sonstiges

	Karawanenstraße und Wüstenweg (Kriegsschauplatz Palästina)
Tell esh-Sheria 120 m	markante Anhöhe/Hügel
Um Jerrar	Ruinen/Siedlungsreste
	Kapitulation mit Datum
	Überflutungsfläche/Sumpf/Schlick
	Sanddünen
	Salzsee

Anmerkungen

Um operationsgeschichtliche Abläufe möglichst verständlich und übersichtlich abzubilden, wurden alle Karten in diesem Band an die weithin geläufigen taktischen Zeichen der Bundeswehr (außer Kraft gesetzte Zentrale Dienstvorschrift 1/11) angelehnt.